● 广东省侨界仁爱基金会、广东省医药进出口公司珠海公司资助出版项目 ●

中小学生
体能训练指引

总顾问　罗锦虹

主　编　刘剑虹

副主编　谭荣韶　陈杰林　王文威

编　委　陈南生　王东升　孔　虹　肖颖珊
　　　　高　照　周　颖　陈楚尧

华南理工大学出版社
SOUTH CHINA UNIVERSITY OF TECHNOLOGY PRESS

·广州·

图书在版编目（CIP）数据

中小学生体能训练指引/刘剑虹主编．—广州：华南理工大学出版社，2023.2

ISBN 978-7-5623-7288-2

Ⅰ．①中… Ⅱ．①刘… Ⅲ．①青少年－体能－身体训练 Ⅳ．①G808.17

中国版本图书馆 CIP 数据核字（2022）第 248548 号

Zhongxiaoxuesheng Tineng Xunlian Zhiyin
中小学生体能训练指引
刘剑虹　主编

出 版 人：柯　宁
出版发行：华南理工大学出版社
　　　　　（广州五山华南理工大学 17 号楼，邮编 510640）
　　　　　http://hg.cb.scut.edu.cn　E-mail：scutc13@scut.edu.cn
　　　　　营销部电话：020-87113487　87111048（传真）
策划编辑：林起提
责任编辑：肖妮延　王荷英
责任校对：李　桢
印 刷 者：广州一龙印刷有限公司
开　　本：787mm×960mm　1/16　印张：8.5　字数：128 千
版　　次：2023 年 2 月第 1 版　印次：2023 年 2 月第 1 次印刷
定　　价：39.80 元

版权所有　盗版必究　印装差错　负责调换

前　言

国民的健康是一个国家和社会繁荣强盛的根基，健康素养必须从青少年时期抓起。党的十八大以来，党中央高度重视学校体育和青少年身心健康发展，倡导以"体育强国"思想促进青少年体育发展。2016年，党中央、国务院颁布了《"健康中国2030"规划纲要》，将提高国民尤其是青少年一代的体质健康水平作为国家的主要战略目标。

当前，中小学校面临的重要问题是如何开展科学的体能训练以促进青少年健康发展。从"体育强国"和"健康中国"的背景与要求来看，中小学生体能训练面临着如下几个现实的困境：一是中小学生体能训练体系理论空缺，相关知识普及度不够；二是中小学生训练目标和方法较单一，训练内容结构失衡；三是中小学生体育技能与体能训练的关系模糊，体育与健康课程中体能训练内容设置不合理，体能水平提升的效果不明显；四是中小学校中有经验的体能训练教师或教练员紧缺，体能训练行业认证、培养体系不健全。

为加强中小学生对体能训练的认知和重视，进一步指导中小学生开展科学高效的体能训练，我们组织了体能训练学、营养学和运动康复学等方面的专家学者，共同撰写本书。

本书系统地介绍了中小学生的体能基础训练和体能专项训练的内容，包括中小学生体能训练的意义，体能训练的特殊原则，体能训练常用基本姿态，力量（尤其是核心力量）、速度、耐力、灵敏和柔韧性五大体能素质的专项训练方法，体能训练的营养常识（尤其是体育中考期间的饮食指导），常见运动损伤的处理和预防，特发性脊柱侧弯等内容。

本书可作为中小学生的体能训练指导用书，也可作为教师、家长指导学生的参考书，以及相关研究人员的参考资料。为方便读者精准了解体能动作的要领和发力点，我们专门制作了配套视频。

本书由广州体育科学学会理事会各领域专家共同编写，包括广州市体育科学研究所原所长、广州体育科学学会会长、广州市中小学生卫生健康促进专家库"运动健康"首席专家刘剑虹副研究员，广东省二沙体育训练中心体能训练团队负责人陈杰林副研究员，广州红十字会医院营养专家谭荣韶教授，广州医科大学附属第二医院运动康复专家王文威教授等。

由于编写时间仓促，加之编者水平有限，疏漏之处在所难免，敬请广大读者批评指正！

编　者

2022年12月

目 录

绪论 …………………………………………………………………… 1
第一章　中小学生体能训练的意义及原则 …………………………… 5
　第一节　中小学生体能训练的意义 ………………………………… 7
　　一、体能训练能够改善中小学生中枢神经系统的调节功能和应答能力……
　　　…………………………………………………………………… 7
　　二、体能训练能够促进中小学生力量、速度、耐力、平衡和柔韧素质
　　　的发展 …………………………………………………………… 8
　第二节　中小学生体能训练的基本原则 …………………………… 11
　　一、全面性原则 …………………………………………………… 11
　　二、循序渐进的原则 ……………………………………………… 12
　　三、注意各项身体素质发展的敏感期 …………………………… 12
　　四、以基本的技术训练为基础 …………………………………… 13
　　五、体能训练过程中要注重学生的意志品质的培养 …………… 13
第二章　中小学生体能训练常用的基本姿态 ………………………… 15
第三章　体能训练方法 ………………………………………………… 23
　第一节　力量训练 …………………………………………………… 25
　　一、爆发力训练 …………………………………………………… 25
　　二、上肢（肩背部）力量训练 …………………………………… 29
　　三、下肢力量训练 ………………………………………………… 33
　　四、核心力量训练 ………………………………………………… 36
　第二节　速度训练 …………………………………………………… 38
　　一、速度基本技术训练 …………………………………………… 38
　　二、加速基本技术训练 …………………………………………… 40
　第三节　耐力训练 …………………………………………………… 43
　第四节　灵敏训练 …………………………………………………… 45
　　一、离心制动训练 ………………………………………………… 46
　　二、移动中的转向训练 …………………………………………… 46
　　三、步法训练 ……………………………………………………… 46
　第五节　柔韧性训练 ………………………………………………… 48
　　一、常见的静态拉伸 ……………………………………………… 49

1

二、常见的动态拉伸 …………………………………………… 55

第四章 中小学生体能训练与营养健康 …………………………… 63

第一节 中小学生营养物质的需求 ……………………………… 65
一、中小学生应该吃什么才能长得够高够壮 …………………… 65
二、中小学生碳水化合物的需求 ………………………………… 71
三、中小学生蛋白质的需求 ……………………………………… 75
四、中小学生脂肪的需求 ………………………………………… 78
五、中小学生维生素的需求 ……………………………………… 80
六、中小学生矿物质的需求 ……………………………………… 83
七、生命之源——水 ……………………………………………… 88
八、传说中的第七大营养素——膳食纤维 ……………………… 90

第二节 中小学生运动营养补充时机 …………………………… 92
一、运动期间补充营养的时机 …………………………………… 92
二、运动期间应该补充的食物 …………………………………… 93
三、运动时水分的补充 …………………………………………… 94

第三节 复习（中考）考试期间学生饮食指导 ………………… 95

第五章 中小学生常见运动损伤的处理和预防 …………………… 99

第一节 中小学生运动损伤的处理 ……………………………… 101
一、运动损伤的分类 ……………………………………………… 101
二、中小学生运动损伤的特点 …………………………………… 102
三、中小学生运动损伤的原因 …………………………………… 103
四、急性运动损伤的"PRICE 原则" …………………………… 105
五、中小学生常见运动损伤及其处理方法 ……………………… 108

第二节 中小学生运动损伤的预防 ……………………………… 114

第六章 中小学生特发性脊柱侧弯 ………………………………… 117

第一节 中小学生特发性脊柱侧弯的产生原因及其影响 ……… 119
一、产生原因 ……………………………………………………… 119
二、特发性脊柱侧弯的影响 ……………………………………… 120

第二节 中小学生特发性脊柱侧弯的预防和治疗 ……………… 120
一、如何自查发现特发性脊柱侧弯 ……………………………… 120
二、特发性脊柱侧弯的预防 ……………………………………… 121
三、特发性脊柱侧弯的治疗 ……………………………………… 123

参考文献 …………………………………………………………… 128

绪 论

中小学生处在特殊的年龄阶段，有其自身的生理和心理特点。让中小学生科学地参与体能训练，通过合理的动作练习，建立基本动作模式、掌握基本动作技能和基本运动技能，改善身体姿态，提高身体各器官系统的机能，充分发展各项身体运动素质，对促进他们的健康具有重要的作用。另外，中小学生体能训练也有助于激发运动兴趣，形成积极乐观的人生态度和集体精神，提高社会适应能力，塑造坚强的意志，陶冶情操，保持健康的心态，充分发挥个人的积极性、创造性和主动性。

针对中小学生的体能训练要严格遵循中小学生的身体发育特点，一般情况下，中小学生的内脏器官，尤其是心血管系统的发育明显落后于运动器官。在这里提醒教师和家长注意，在安排体能训练时，要充分考虑到孩子身体发育的不平衡性；对于一些暂未发育成熟的器官，应加强保护。例如，静力练习对中小学生的心血管系统损伤比较大，故不宜安排过多的静力学习；中小学生骨骼柔软，骨化过程尚未完成，软骨成分较多，关节支撑能力较差，切忌采用大负荷、大重量的器械练习，否则会阻碍骨骼的生长发育或者造成脊柱变形。

第一章

中小学生体能训练的意义及原则

第一节　中小学生体能训练的意义

现代社会需要的是德智体美劳全面发展的人才，中小学生正处于身体成长的关键时期，做好中小学生的体能训练，既是学生自身强身健体的需要，也是适应社会发展的需要。科学的体能训练有助于激发身体活力，从身体协调性、灵活性以及力量、耐力、速度等方面全面增强身体素质，提高机体的灵敏程度及反应能力，缓解精神紧张和身体疲劳，促使中小学生养成良好的运动习惯、掌握正确的运动姿态，并培养他们的意志品质。

一、体能训练能够改善中小学生中枢神经系统的调节功能和应答能力

运动动作实际上是神经和肌肉系统不断协调、稳定和动态平衡的过程。运动过程中，神经中枢的兴奋和抑制过程相互制约、相互配合，通过本体感觉的反射活动维持高度协调。动作反射弧的组成是：感受器—传入神经—中枢神经—传出神经—效应器。感觉神经纤维将来自感受器的动作信息传入神经中枢，而运动神经纤维和运动神经元将指令传递到周围的效应器官，形成各种复杂的交互联系并介导各种运动反射和动作调节控制。

灵敏协调性是指在运动中快速反应、神经反射和调控的综合能力，是机体在中枢神经系统的指挥下，将力量、爆发力、速度、柔韧等素质综合协调表现的能力。由于神经系统是人体发展最快、最早的系统，因此，中小学生在进行身体素质训练的过程中，要着重发展灵敏素质，且形式、内容、负荷

不同的体能训练应贯穿于中小学生整个成长过程。

长期的适度体能训练不仅可以促进中小学生脑部及脊髓组织形态和功能的改善，同时还可以促进神经递质及抗氧化应激相关酶活性和关键调控基因表达的有益变化，起到促进神经—体液调节系统发育完善及提高神经肌肉系统运动灵敏性的作用。

二、体能训练能够促进中小学生力量、速度、耐力、平衡和柔韧素质的发展

（一）体能训练与中小学生力量素质

肌肉在其活动中所表现出来的各种能力，如力量、速度、耐力、灵敏、平衡、柔韧等机能能力统称为运动素质。良好的运动素质是中小学生体能训练的基础，而力量素质是所有其他素质的基础。

一般认为，安排力量训练的年龄顺序应从小到大：速度力量、力量耐力、相对力量和绝对力量。其中，速度力量作为速度能力与力量能力的结合，受到速度素质发展敏感期相对较早的影响，其发展敏感期在各类力量素质中也相对比较早。速度力量的表现形式主要包括爆发力、反应力及起动力。

中小学生骨骼肌发育规律一般表现为：核心肌群先于四肢肌群，上肢肌群先于下肢肌群，屈肌先于伸肌，大肌肉群先于小肌肉群。女孩9～13岁，男孩12～14岁，为力量素质发展敏感期。随着中小学生体内激素水平的变化，骨骼肌质量及肌力均有明显提升，科学的力量训练能够促进中小学生肌肉质量的提升，提高肌力和减少因肌力相对不足所致的损伤等。15岁以后，中小学生核心肌群进入最快发展时期，同时发育相对滞后的小肌肉群也明显增强。在这个阶段，中小学生机体肌肉、神经末梢装置的发育基本完成，关节联结装置的发育，骨骼肌中的肌丝、肌腱及肌组织的分化均达到峰值，因

此有利于发展快速力量素质。对于男孩来说，18岁时力量素质的发展速度接近最大值；而对于女孩来说，16岁时力量素质的发展速度接近最大值。此时可循序渐进通过中等强度负荷结合高强度负荷力量练习，为发展更好的最大肌肉力量及爆发力奠定基础。

（二）体能训练与中小学生速度素质

速度被称作是运动的灵魂、核心。中小学生的速度素质发展（包括反应速度、动作速度和位移速度）相较于力量素质更早。一般认为，7～12岁为速度素质的快速发展阶段。中小学生体能训练能改善神经系统的调节功能，使神经系统对体育活动过程中的各种神经反馈和应激情况作出准确、协调、迅速的反应；使中枢神经系统对兴奋和抑制的调节能力更趋完善，并通过身体形态、结构和机能等的适应性变化，提高中小学生机体承受运动负荷时产生的应激性适应能力和应答能力，使之对外界刺激的反应迅速、灵敏，以适应外界环境的变化并增强抵抗各种疾病因素的能力。

（三）体能训练与中小学生有氧耐力素质

有氧耐力即指长时间进行有氧供能的运动能力。发展有氧耐力是一切训练工作的基础，因此有氧耐力训练应当贯穿儿童少年期直到青春期结束。通常10岁前，体能训练应当通过慢跑等方式持续，以发展有氧耐力，促进中小学生心血管系统机能的改善、供氧能力的提高以及各种代谢能力的增强。随着有氧耐力水平的提高，可逐步引入适当的无氧训练。一般认为，11～12岁可开展以有氧耐力训练为主的体能训练，改进氧气输送系统和肌肉代谢的功能；15～16岁，无氧耐力训练可逐步增多；16～17岁则可进行高强度的有氧及无氧耐力训练。

（四） 体能训练与中小学生无氧耐力素质

无氧耐力是指机体在无氧代谢（由磷酸原系统和乳酸能系统供能）的情况下进行较长时间肌肉活动的能力。由于中小学生的肺通气量、吸氧量和最大氧亏积累（完成运动的理论需氧量与实际耗氧量之间的差值，是评定无氧运动能力的最有效指标）都小于成年人，且中小学生机体糖酵解系统尚不完善，血红蛋白（Hb）、肌红蛋白（Mb）等水平较低，因此需注意无氧代谢时能量储备不足的问题。负荷过大的重复性、力量性练习，以及强度过大的速度耐力性训练不宜过多采用。而无氧代谢时的能量储备不足、无氧耐力训练引起的氧亏都需要通过心血管系统进行代偿性补充，因此，一般认为应在青春发育期以后，随着心血管系统发育成熟，此时进行系统的无氧耐力训练更为合理。

（五） 体能训练与中小学生平衡与柔韧素质

平衡与柔韧素质是中小学生肌肉—神经系统协同性及肌肉、韧带等软组织承受能力的综合表现。该项素质在幼儿学步时就已经开始形成并发挥重要作用。中小学生的平衡与柔韧性越好，在学习运动动作时就越协调、舒展。平衡与柔韧素质对于提高动作合理性和运动综合表现都具有重要作用。平衡素质练习能够促进中枢神经系统对肌肉、身体各器官的调节与控制能力。6～13岁是平衡素质发展的敏感期。

在中小学生生长发育过程中，儿童时期骨骼的弹性好，可塑性大，关节、韧带伸展的幅度大，此时进行柔韧性练习更容易取得理想的效果。5～12岁的儿童柔韧素质发展最快。在此期间，儿童关节灵活性好，应加强整个身体的柔韧练习，特别是髋部柔韧性的练习。因此，在小学阶段应重视加强柔韧性、灵活性训练。可采用压腿、踢腿、劈腿和下桥等方法进行练习，增强各关节的活动幅度和腰部柔韧性、灵活性。需要注意的是，发展柔韧素质应当结合力量练习，这样不仅能够促进柔韧素质的发展，还可以尽量避免中小学生柔韧性练习所致的损伤。可以在运动前的热身阶段及运动后的整理恢复阶段融入柔韧性练习，养成长期进行柔韧性练习的良好习惯。

第二节 中小学生体能训练的基本原则

在中小学这个阶段，人体的新陈代谢比较旺盛，同化作用占有优势，使身体的生长发育从幼年状态发展到青少年状态。同时，心理上也从儿童时期的幼稚状态逐渐发展成熟。因此，中小学生体能训练首先要考虑到中小学生全面发展的特点和器官系统的机能、运动素质和基本活动的能力，必须遵循一定的原则，根据不同年龄的身体发育特点，采用适宜的方法，合理地安排训练内容。

一、全面性原则

针对中小学生的体能训练，要尽量避免过早地专项化，切忌采用单一的专项体能训练手段，应根据多项运动所需要的机能能力及它们之间的关系，采用多样化的训练手段，全面发展各项体能素质，包括速度、力量、耐力、柔韧、灵敏及平衡等，为参与各类体育运动打下坚实的基础。

二、循序渐进的原则

体能训练过程中,要严格遵循循序渐进的原则。针对中小学生的体能训练一定要在科学评估的基础上,在练习难度或负荷安排上循序渐进。

三、注意各项身体素质发展的敏感期

随着年龄的增长,中小学生运动系统及相关器官机能不断发育完善,而体能素质也呈现出阶段性和波浪形特征。最新研究证实,中小学生的不同身体素质发展训练都具有特定的最佳敏感时期,也叫作"最佳能力训练窗口"或者"训练天窗(optimal windows of trainability)"。敏感期是指特定的能力和行为发展的最佳时期。各项身体素质都有自己的发展敏感期,在这段时期中,各身体素质能力发展相对迅速。身体素质发展的敏感期大多集中在儿童少年时期,如果错过了相应的敏感期,则相应的身体素质的发展将较难达到理想水平。根据理查德·斯卡蒙对发育水平曲线的描述,人体器官的生长曲线可分为一般型、淋巴系统型、神经系统型和生殖系统型。其将中小学生生长发育过程中的规律具象化地展示出来,说明机体各个系统的发育并非是齐头并进的均衡趋势,而是有选择性的前后错峰,但是又互相协调补充。

因此,应该有选择性地发展力量、速度、耐力、灵敏度等各类身体机能。其中,中小学生神经系统生长发育过程中只有一个生长快速增长期,自出生后直至学龄前迅速发育,其脑重在 6 岁时即可达到成人的 90%,而视听觉能力在 12～14 岁就已基本发育完成,之后便是脑部结构功能复杂化过程以及神经纤维增强并建立泛化控制的过程。即人体在大脑神经方面的发展相对迅速,而在身体运动能力方面的发展却拥有很长的缓冲期。因此在青春发育期前,体能训练应该重点促进神经系统的发育,包括协调性、控制性等素质。

四、以基本的技术训练为基础

中小学生的体能训练内容要以学习掌握体能训练的基本技术为基础，如正确的跑、跳、投、翻滚等，以及人体基本动作模式的建立、主要关节灵活度或稳定性训练，在此基础上进行全面体能训练，既能防止运动过程中出现伤病，又能全面协调发展中小学生各器官系统的机能和各项运动素质。

五、体能训练过程中要注重学生的意志品质的培养

在中小学生体能训练过程中，要逐渐培养学生勇敢、顽强、艰苦朴素、吃苦耐劳、自信、上进的良好心理品质，培养他们努力拼搏的精神。

总之，进行中小学生体能训练，要遵循其生理、心理生长发育特点，重视中小学生身体素质发展的敏感期，合理安排运动负荷，且体能训练手段多样化，提高学生对体能训练的兴趣，并注意培养学生的意志品质。

第二章

中小学生体能训练常用的基本姿态

第二章 中小学生体能训练常用的基本姿态

为了进行科学、精准的体能训练，中小学生及其家长都应该了解正确的体能训练基本姿态，因为基本姿态会直接影响体能训练的效果。体能训练常用基本姿态有如下几种。

1. 俯卧

整个身体自然放松趴在地面或垫子上，双臂置于身体两侧，掌心朝地面。

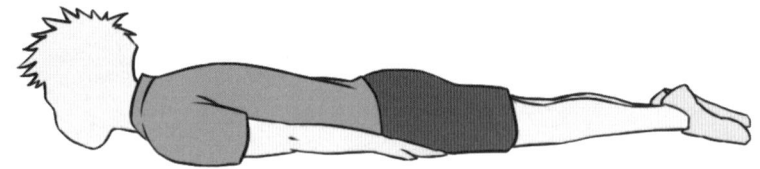

2. 仰卧

整个身体自然放松平躺在地面或垫子上，双臂置于身体两侧，掌心朝上。

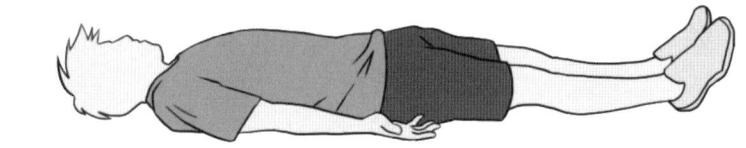

3. 跪撑

俯身，双膝跪地，双臂伸直，双手撑地使两侧大腿、手臂与躯干垂直，收紧腹部，背部挺直，双侧脚尖勾起指向地面。

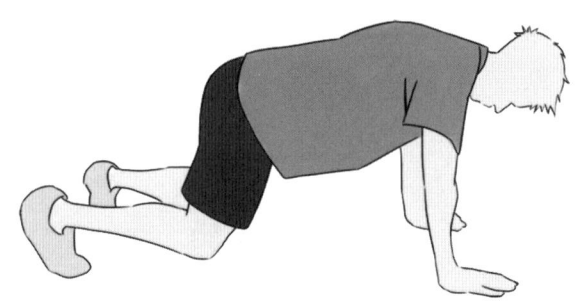

17

4. 俯撑

双手双脚撑地,整个身体绷直成一条直线,双臂伸直,双手撑地使手臂垂直于地面。

5. 跪姿

双膝跪地,脚尖勾起指向地面,挺胸收腹,背部挺直,臀部收紧,保持同侧耳朵、肩、髋、膝关节成一条直线,双臂自然下垂于身体两侧。

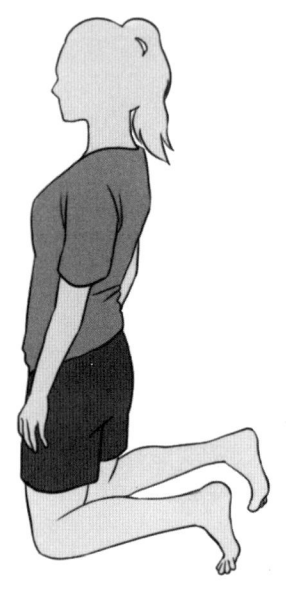

6. 半跪姿

单膝跪地,前侧髋、膝关节成90°,后侧大腿、髋关节、膝关节与肩成一条直线,后脚尖勾起指向地面,双臂自然垂放于身体两侧。

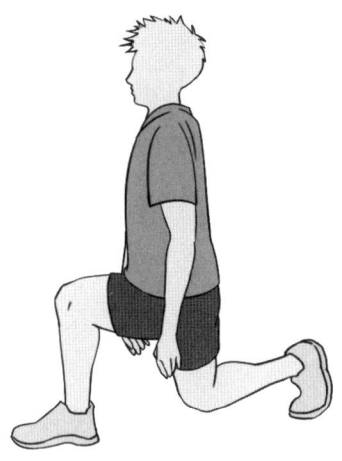

7. 基本运动姿势

双脚开立稍比肩宽,双侧髋、膝微屈,身体重心置于前脚掌,挺胸收腹,后背挺直,双侧手臂微屈置于身体两侧。

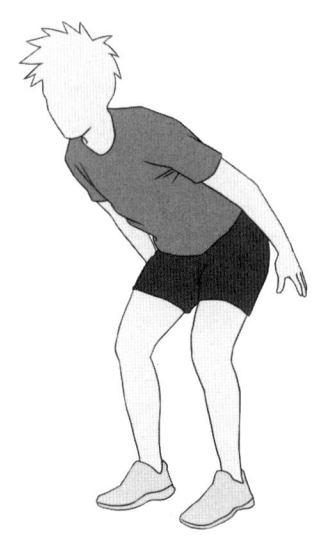

8. 前后分腿

双腿前后分开站立，双脚之间约一步的距离，脚尖向前，双腿伸直，挺胸收腹，后背挺直，双手自然下垂置于身体两侧。

9. 前后弓步

双腿前后分开站立，双脚之间的距离略大于一步，脚尖向前，前侧腿屈膝至大腿与地面平行，后腿伸直或微屈，挺胸收腹，后背挺直，双手自然下垂置于身体两侧。

10. 单腿基本运动姿势

单腿支撑站立,支撑腿髋、膝微屈,身体重心置于前脚掌,挺胸收腹,后背挺直,双侧手臂微屈置于身体两侧。

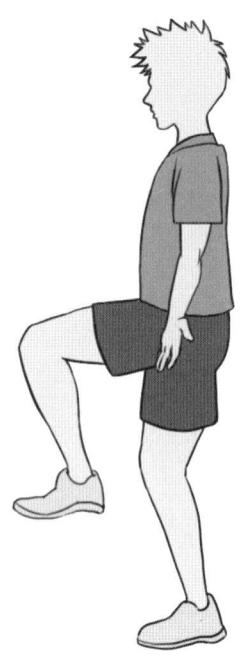

第三章

体能训练方法

第三章 体能训练方法

科学的体能训练才能促进体质水平和运动能力的长期健康发展，而中小学生的体能训练与成年人训练又有较大的不同。针对中小学生的生理特点，通过合理改善动作技巧，采取有针对性的体能训练方法，可以有效地提升中小学生的体能和运动能力，改善和纠正中小学生体能训练中的不科学、不合理的地方，同时也可以提高中小学生的心理素质，全面提高健康水平。

第一节　力量训练

一、爆发力训练

1. 原地纵跳

动作要领描述：双脚开立成基本运动姿势，髋、膝微屈，双臂后摆，在双臂迅速前摆的同时伸髋、伸膝，双脚蹬地垂直向上起跳，落地时髋、膝微屈，双臂后摆，落地姿势与起始姿势相同。

2. 原地团身跳

动作要领描述：双脚开立成基本运动姿势，髋、膝微屈，双臂后摆，在双臂迅速前摆的同时伸髋、伸膝，双脚蹬地垂直向上起跳，当跳跃至最高点时，快速将双膝向上抬，使其尽可能贴近胸部，躯干自然前倾且尽量不要弯曲。团身之后，将双腿放下缓冲落地，回到起始姿势，紧接着开始下一次练习。

3. 原地交替分腿跳

动作要领描述：前后分腿站立，一脚向前，屈髋屈膝，后膝弯曲使膝关节几乎接触地面，并确保前膝在脚的中线上方，身体稍微前倾。起跳时快速摆动双臂，同时快速蹬地伸展双腿，使身体尽可能高地跳起。双腿在空中交换位置，缓冲落地，紧接着开始下一次起跳。

4. 跳箱

动作要领描述：在身前放置一个高为 30～60 厘米的箱子。双脚开立成基本运动姿势，髋、膝微屈，双臂后摆，在双臂迅速前摆的同时伸髋、伸膝，双脚蹬地向前上方跳出。而后髋、膝微屈，双臂后摆，缓冲落于箱子上，落地姿势与起始姿势相同。

5. 跳栏架

动作要领描述：双脚开立成基本运动姿势，髋、膝微屈，双臂后摆，在双臂迅速前摆的同时伸髋、伸膝，双脚蹬地向前跳过栏架。后髋、膝微屈，双臂后摆，缓冲落地回到起始姿势。

6. 实心球下砸

动作要领描述：两脚左右开立略比肩宽，身体重心落在双脚之间，两膝微屈，双手举球至头的后上方，两臂伸直或微屈，然后利用双脚蹬地、收腹、挥臂的力量将球用力由头顶向下方砸出，球落地位置在身体前方约 30 厘米处。

7. 胸前推实心球

动作要领描述：双脚开立与肩同宽，髋、膝微屈，挺胸收腹，后背挺直，双手持实心球于胸前，快速挺髋，同时双手发力将实心球由胸前向前方推出，结束时身体成直立姿势。

8. 后抛实心球

动作要领描述：背向抛掷方向，双脚开立稍比肩宽，双手持球且双臂伸直，身体前屈将球置于双腿之间，抛掷时髋关节、膝关节快速伸展，双腿、双臂同时用力，将球从头顶向后抛出。

二、上肢（肩背部）力量训练

1. 俯卧撑

动作要领描述：双手撑地，双手间距比肩略宽，全程保持一个平板支撑姿势（收紧臀肌、核心肌群）。控制身体使躯干往地面方向下落（如躯干倾斜则落向支撑物），使上臂与躯干成45°且胸口碰到地面（或支撑物），然后恢复至起始姿势。如果练习者不能保持标准姿势并胸口碰地，可以把手放在架高的杆、训练凳或其他类似的物体上来降低难度。

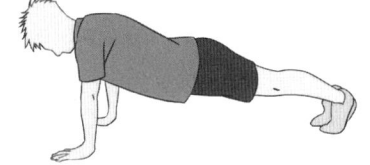 

2. 单手肩上推举

动作要领描述：双脚开立与肩同宽，单手持负重（哑铃、沙袋或实心球），掌心朝前，前臂向上将负重置于身体侧面偏前的位置，借助肩部的力量，将重物向上推举至手臂伸直并贴近同侧耳朵的位置，然后缓慢落下，回到起始姿势。

3. 引体向上

动作要领描述：双手握杠，根据需要可采用正握（掌心朝前）、反握（掌心朝向自己）或中位握（掌心相对）等握杠方法，双手握距稍比肩宽，双臂伸直使身体自然悬垂，而后双臂同时发力将身体拉起至下颌过杠，稍作停顿后缓缓伸直手臂使身体恢复到起始姿势。

4. 弹力带划船

动作要领描述：双手抓住弹力带的两端，采用坐姿时，双腿伸直，脚尖向上，将弹力带绕过足底（如采用站姿，可让同伴抓住弹力带另一端或者将弹力带的另一端缠绕在固定物上），使弹力带保持合适的张力，双臂伸直，同时发力将弹力带拉向身体直至双手触碰到身体，期间需保持背部挺直。后缓慢恢复到起始姿势，重复该动作。

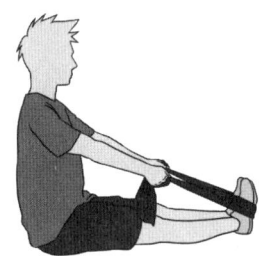 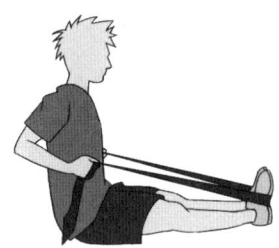

5. 悬绳划船

动作要领描述：仰面朝上手握悬绳，脚后跟着地（着地位置根据个人力量水平确定），勾脚尖。挺胸收腹，臀部收紧使身体绷直成一条直线，手臂完全伸直，肩关节内旋，掌心朝地面。将身体拉向悬绳的固定点，同时肩关节外旋至掌心相对、手腕贴近肋骨位置。控制身体下落，回到起始姿势，重复该动作。

6. 俯卧 I、Y、T、W、L 字

动作要领描述：俯卧，手握紧，大拇指向上，利用双臂的屈伸使其与躯干分别形成 I 形（双臂向前伸直并紧贴耳部）、Y 形（双臂向斜前方伸直并与躯干成 45°角）、T 形（手臂伸直水平外展）、W 形（屈肘 90°使上臂向下与躯干成 45°角）、L 形（肩外旋并屈肘 90°使上臂紧贴躯干），背部收紧，将手臂抬离地面并稍作停顿，后恢复到起始姿势。

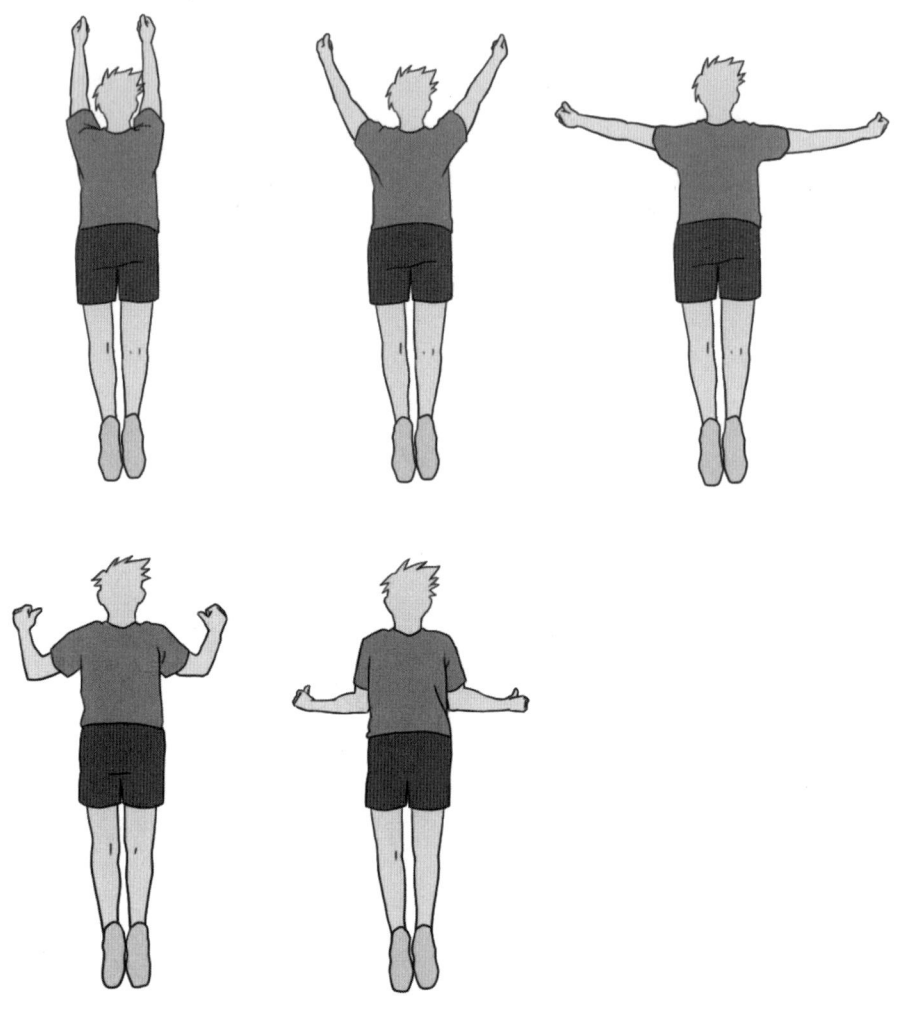

三、下肢力量训练

1. 徒手下蹲

动作要领描述：双脚开立与肩同宽，双臂向前水平伸出，同时屈髋、屈膝下蹲至大腿水平，过程中始终保持背部平直。站起回到起始姿势，同时双臂自然下垂于身体两侧。

2. 壶铃（哑铃）硬拉

动作要领描述：双脚开立稍比肩宽，双手持一只壶铃或哑铃，手臂和肩关节放松，使壶铃或哑铃自然下垂于两腿之间，挺胸抬头，背部挺直。然后屈曲髋关节，将臀部向后推，保持膝关节微屈，让壶铃随身体前倾自然垂直下落，直至壶铃或哑铃接触地面。然后向前挺髋，起身直至身体直立，重复以上动作。

33

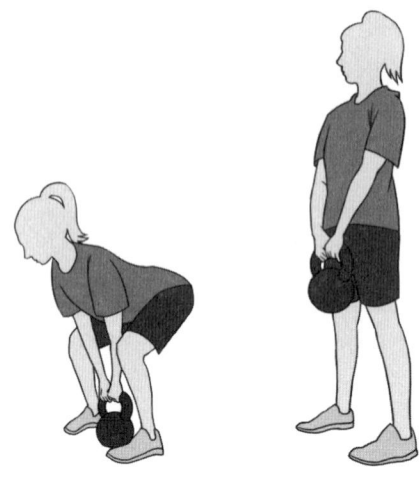

3. 原地箭步蹲

动作要领描述：双脚并拢，双手叉腰，抬起一侧腿向前迈出一步，脚落地后逐步降低身体重心至前侧大腿呈水平。动作稳定后前侧脚蹬地使前侧腿回到起始姿势，换另一侧腿重复以上动作。双腿交替进行，整个动作过程需保持背部平直。

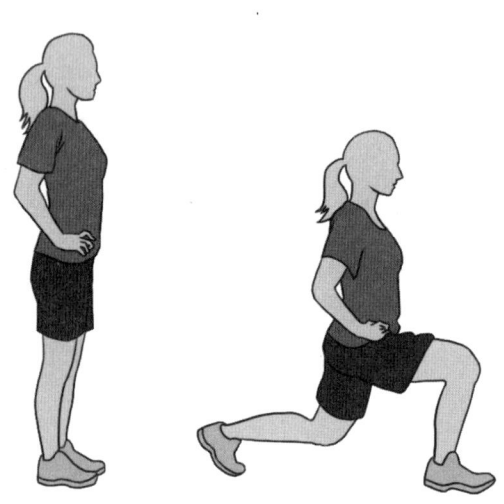

4. 侧弓步蹲

动作要领描述：双脚开立大于肩宽，一侧腿屈髋屈膝向下蹲至大腿水平，双手叉腰或向前水平伸出，对侧腿伸直。待动作稳定后，下蹲腿发力回到起始姿势，换另一侧腿重复以上动作。双腿交替进行，动作过程中需保持背部挺直。

5. 徒手伸臂单腿直腿硬拉

动作要领描述：双脚并拢站立，膝关节微屈，双侧手臂向前伸展的同时使一侧腿绷直（有助于激活臀肌）后抬起，直至前伸手臂、身体躯干和后伸腿成一条直线。待动作稳定后，支撑腿髋部发力恢复到起始姿势。注意：前伸手臂和后伸腿同时移动，即二者移动的时间和速度相同；支撑腿微屈；动作过程中挺胸并保持后背平直。

四、核心力量训练

1. 腹桥（平板支撑）

动作要领描述：身体呈俯卧姿势，双臂屈肘成90°，利用双肘、双脚尖将身体撑离地面，上臂与地面垂直，背部平直，臀部收紧，身体绷直，使同侧耳朵、肩、髋、膝、踝成一条直线。保持该动作至规定时间。

2. 背桥（臀桥）

动作要领描述：身体呈仰卧姿势，屈髋屈膝，双脚与肩同宽，脚后跟着地，脚尖勾起，臀部收紧，抬起髋部至同侧肩、髋、膝成一条直线，保持该动作至规定时间。

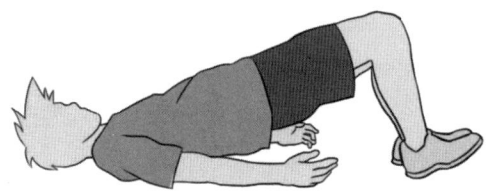

3. 侧桥（侧平板支撑）

动作要领描述：身体侧卧，一侧手臂屈肘撑地将身体抬离地面，保持该侧手臂的上臂与地面垂直，挺胸收腹，身体绷直成一条直线，使同侧耳、肩、髋、膝、踝成一条直线，保持该动作至规定时间。

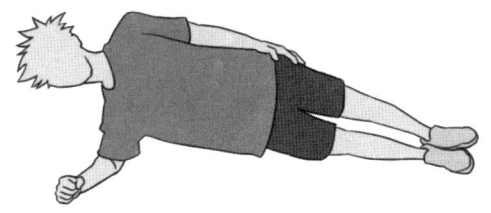

4. 四足伸展（鸟狗式）

动作要领描述：身体呈跪撑姿势，腹部收紧，背部挺直，双侧脚尖勾起指向地面，同时抬起对侧的手臂和腿，使抬起的手臂和腿伸直并尽可能向远处伸展，保持该动作 3～5 秒，后缓慢恢复到起始跪撑姿势，换另外一侧肢体重复该动作。

5. 弹力带核心抗旋

动作要领描述：身体呈基本运动姿势，将弹力带一端固定在身体侧方，调整身体位置使弹力带保持合适的阻力，双手握住弹力带的另一端，将双手从胸部水平缓慢推出直至手臂伸直，再缓慢收回手臂回到起始姿势，重复以上动作至规定次数，换另一侧重复以上动作。

第二节 速度训练

一、速度基本技术训练

1. 坐姿摆臂练习

动作要领描述：端坐于地面，挺胸抬头，双腿伸直并拢，手臂在身体两侧屈肘成90°，手部自然放松，摆动双臂，一侧手向身体前侧摆动至与肩同高，另一侧手向身体后方摆动至超过臀部。双臂在摆动过程中作为一个整体进行摆动，且都不越过身体的中线。

2. 站姿摆臂练习

动作要领描述：双脚开立与肩同宽，挺胸抬头，双臂在身体两侧屈肘成90°，手部自然放松，双臂作为一个整体进行摆动，一侧手向身体前侧摆动至与肩同高，另一侧手向身体后方摆动至超过臀部，且整个过程中手不越过身体中线。

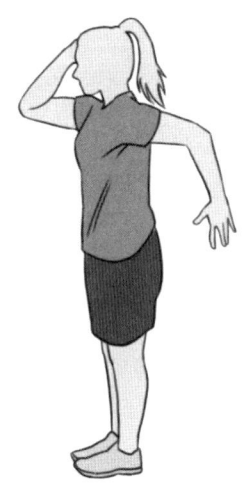

3. 原地踏步走（或向前行进）

动作要领描述：双脚开立与肩同宽，双腿伸直，抬头挺胸，收紧腹部，一侧腿抬起至大腿与地面平行，脚尖勾起，两侧腿交替抬起，双臂屈肘90°作为一个整体自然摆动，一侧手向身体前侧摆动至与肩同高，另一侧手向身体后方摆动至超过臀部，且整个过程中手不越过身体中线。

4. 原地垫步跳 （或向前行进）

动作要领描述：双脚开立与肩同宽，双腿伸直，抬头挺胸，收紧腹部，一侧腿快速抬起至大腿与地面平行，脚尖勾起，双臂屈肘90°作为一个整体自然摆动，同时支撑腿原地跳起，在抬起腿快速下压蹬地的同时，另一侧腿快速抬起至大腿与地面平行，脚尖勾起。双腿交替进行。

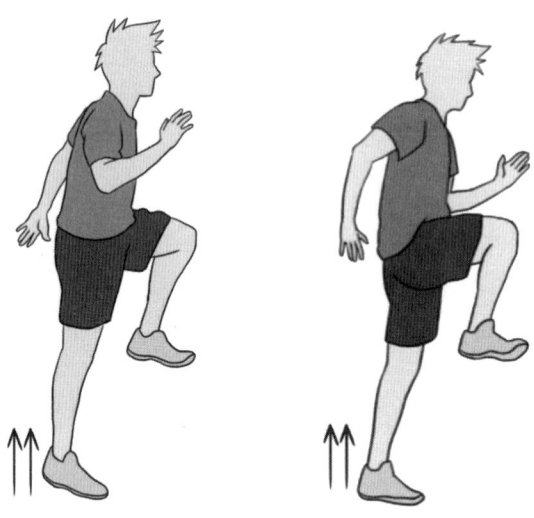

二、加速基本技术训练

1. 对墙踏步练习

动作要领描述：对墙站立，双脚开立与肩同宽，身体以45°～60°角前倾，用双臂支撑身体，身体绷直，抬头挺胸，收紧腹部。一侧腿抬起至大腿与地面平行、小腿与支撑腿平行，脚尖勾起，支撑腿伸直。保持该姿势至规定时间，后交换双腿位置重复练习。在双腿交替过程中，整个躯干需保持稳定。

2. 对墙踏步快速交替练习

动作要领描述：身体姿势与对墙踏步练习相同，重点在于双腿交替时要快速有力，在练习过程中可以由教练发出指令，如"1、2，1、2，…"或"1、2、3，1、2、3，…"。注意在双腿交替过程中整个躯干需保持稳定。

3. 抗阻跑动练习

动作要领描述：同伴位于练习者身后，将抗阻带绕过练习者的腰部位置，两手各握住抗阻带一端。练习者向前跑动时，同伴稍微用力拉住抗阻带，对向前跑动的练习者施加轻微的阻力。练习者跑动时身体稍微前倾，双腿用力蹬地，跑动距离为 10～15 米。

4. 前倾启动加速练习

动作要领描述：双脚开立与肩同宽，抬头挺胸，收紧腹部，身体保持直立状态，后缓慢使重心向前移动，整个身体向前倾，当前倾至身体所能控制的最大幅度时，迅速向前迈腿摆臂并加速冲出 10～15 米。

5. 俯卧启动加速练习

动作要领描述：身体呈俯卧姿势，在听到教练口令后以最快的速度起身向前冲出 10～15 米。

第三节　耐力训练

通常把身体维持长时间活动的能力称为耐力。耐力素质是身体素质的重要指标，是从事运动的基础。耐力素质的提高对于提高中小学生呼吸系统、循环系统、神经系统的机能，促进中小学生生长发育，提升中小学生的健康水平都有着积极的作用，同时还可以提高中小学生的学习效率。耐力素质从能量供应的角度通常分为有氧耐力和无氧耐力两种。有氧耐力是指训练过程中始终保持氧气的充足供应，在训练过程中以有氧代谢（糖和脂肪等有氧氧化）供能为主。无氧耐力是指在高速、动态且较短的持续时间内完成运动，运动过程中机体以无氧代谢（糖无氧酵解）供能为主。无氧耐力更多地体现在球类项目（足球、篮球、排球、网球、羽毛球等）上，而有氧耐力则更多地体现在持续时间较长的运动项目中，如公路自行车、长跑、越野滑雪、铁人三项等。一般来说，有氧耐力是基础，中小学生在体能训练过程中应先打好有氧耐力的基础，再考虑循序渐进地发展无氧耐力。

1. 持续训练法

方法描述：在一定的时间内（一般为 30～60 分钟），以较为恒定的运动强度持续地进行练习。

持续训练法的运动方式一般采用如跑步、骑行、游泳等周期性运动项目，为有氧耐力训练最常用的训练方法。强度一般不高于最大运动强度的 70%。运动过程中可利用心率对强度进行监控，具体方法如下：

适宜心率 = 安静心率 +（最大心率 - 安静心率）×（60%～70%）

最大心率 = 220 - 年龄

2. 重复训练法

方法描述：在相对固定的条件下，按照既定的方案（包括运动时间或运动距离、间歇时间），在保证机体已完全恢复的情况下反复进行练习。

利用重复训练法提高有氧耐力的运动强度略高于持续训练法，可达到最大运动强度的 70%～85%。可利用心率对强度进行监控，方法同上。

3. 间歇训练法

方法描述：在完成一次或一组练习之后，按照严格的间歇时间，在机体尚未完全恢复的情况下进行下一次或下一组练习的方法。

4. 游戏与比赛训练法

方法描述：将训练内容融入游戏之中，如球类游戏或田径类游戏；或以比赛的形式完成训练内容。一般来说，比赛训练法对训练强度的要求比较高。

5. 循环训练法

方法描述：根据训练目标，将多种练习方式按一定的顺序排列，要求受训者按规定顺序或路线，依次循环完成所规定的练习内容。循环训练法是一种综合性的训练方法。

第四节　灵敏训练

灵敏素质是指人体在各种突然变换的条件下，快速、协调、敏捷、准确地完成动作的能力。它是人的运动技能、神经反应和各种身体素质的综合表现，因为每一个动作都不同程度地体现了力量、速度、耐力、柔韧等素质。灵敏素质的发展水平主要从以下三个方面进行评价：

第一，是否具有快速的反应、判断、躲闪、转身、翻转、维持平衡和随机应变的能力。

第二，在完成动作时，是否能自如地操纵自己的身体，在任何不同的条件下都能准确熟练地完成动作。

第三，是否能把力量（爆发力）、速度（反应速度）、耐力、协调性、节奏感等素质和技能通过熟练的动作综合表现出来。

客观实践证明，灵敏素质高的人，他可以随心所欲地控制自己的运动器官，熟练自如地准确完成动作。

一、离心制动训练

1. 落地技术练习

动作要领描述：双脚站立于跳箱或台阶上，向前迈出一步使身体下落，落地时主动屈髋屈膝缓冲，身体呈基本运动姿态，前脚掌先接触地面并迅速过渡到全脚掌，与地面接触的声音应尽量小。

2. 移动中的制动练习

动作要领描述：可采用前后移动或侧方移动的方式进行训练，要求在移动和制动过程中保持腰背挺直、核心收紧，在制动过程中主动降低重心、加大步频、缩小步幅，并使身体重心提前向与前进相反的方向移动。可以要求以 50% 全速在 3 步内完成制动、以 75% 全速在 5 步内完成制动或以全速在 7 步内完成制动，逐步减少制动所需的步数或距离。

二、移动中的转向训练

动作要领描述：该类练习的前提是必须掌握移动中的制动练习技巧。可采用前后移动或侧方移动的方式进行训练。在加速和制动阶段，动作要领与加速练习和制动练习的要求基本相同，不同的是在减速制动时身体重心要提前向即将前进的方向移动，同时头部也要转向即将前进的方向。在身体完全制动时迅速向前进的方向蹬腿迈步，完成启动加速。

三、步法训练

1. 绳梯练习

动作要领描述：身体呈基本运动姿势，按照要求在绳梯内完成动作。要求前脚掌着地,每一步按照要求落在绳梯的指定位置;要求步伐轻快、节奏感强,配合上肢的摆动,控制好身体重心。常见的方法有前进小碎步、横向小碎步、侧方进进出出、横跨进进出出等,可以根据掌握的情况逐步增加动作难度。

2. 六边形灵敏练习

动作要领描述:身体呈基本运动姿势,双脚并拢从六边形的一条边跳向中心位置,然后按一定的顺序依次从六边形的相邻边线跳出,再跳回中心。过程中身体始终朝向同一个方向,脚尖触地,速度和频率要快,控制好身体重心。

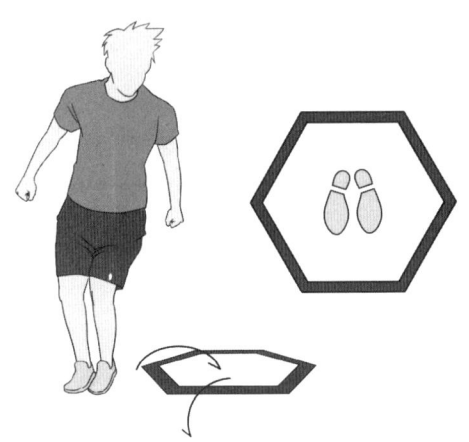

第五节　柔韧性训练

柔韧性是指人体关节活动幅度以及关节韧带、肌腱、肌肉、皮肤和其他组织的弹性和伸展能力，即关节和关节系统的活动范围。柔韧性可以分为主动柔韧性和被动柔韧性。主动柔韧性是指利用肌肉可以使关节活动的范围，被动柔韧性则单纯是指关节活动的最大范围。一般来说，女性和幼童的被动柔韧性比较强，但是因为其相应的肌肉发展不足，所以通常在主动柔韧性方面不及成年男性。但是无论如何，主动柔韧性都不可能超出被动柔韧性的活动范围。

影响柔韧性即关节活动范围的因素有：关节骨结构、关节周围组织的体积以及韧带、肌腱、肌肉和皮肤的伸展性。其中，最后一项对提高柔韧性的作用最大。

柔韧性不仅取决于结构的改变，也取决于神经对骨骼肌的调节，特别是对拮抗肌的协调。协调性的改善可以使动作幅度加大。

中小学阶段是发展柔韧性的重要时期，5～12岁是柔韧素质的发展敏感期，此时的练习效果最佳。

拉伸练习是提高身体柔韧性的主要方法，主要的拉伸方法包括静态拉伸、动态拉伸和 PNF（proprioceptive neuromuscular facilitation）拉伸。

静态拉伸是指拉伸至动作的最大幅度后，保持该姿势一段时间，一般为30秒左右。在进行静态拉伸的过程中，应放松所拉伸部位的肌肉，以达到关节的最大活动幅度。静态拉伸是缓慢而持续的，由于动作和缓不易产生牵张反射，所以较其他拉伸类型来说安全程度更高，可以安全有效地发展柔韧性（静态柔韧性）。研究显示，静态拉伸可能会降低力量、力量耐力、速度、爆发力、反应时间与动作时间，因此一般在运动结束后做静态拉伸。

动态拉伸是指通过肢体的快速摆动或主动发力达到关节的最大活动幅度。动态拉伸是一种功能性伸展练习，运用专项化的动作使身体做好准备活动，强调专项化的动作而不是个别肌肉，这种练习可以很好地复制专项练习所需要的动作。动态拉伸与静态拉伸相比更显专项化，能更好地改善动态柔韧性（区别于静态柔韧性），更好地模仿运动形式，提高专项训练所需的关节活动幅度，而且能更有效地提高肌肉温度。因此，动态拉伸一般作为运动前的热身环节。

PNF 拉伸是指在同伴的辅助下先将关节拉伸至最大活动幅度，然后对抗阻力做短时间的等长收缩，随后放松肌肉，停止对抗，在同伴的压力下伸展肢体，使之超过之前的最大活动范围。PNF 拉伸起初只是放松肌肉的神经肌肉康复计划的一部分，如今被延伸用于运动员的柔韧性训练。PNF 拉伸需要同伴来配合，它优于其他拉伸方式的地方在于它激活了肌肉抑制（自主抑制和交互抑制），拉伸效果更好。

一、常见的静态拉伸

1. 被动坐位体前屈拉伸

动作要领描述：拉伸者端坐于地面，双腿并拢伸直，脚尖向上勾起，双侧手臂沿双腿向前伸展，同伴立于拉伸者后方，双手置于拉伸者的上背部，缓缓用力将拉伸者向前推至最大幅度，并保持 20 秒，然后放松，回到起始姿势。

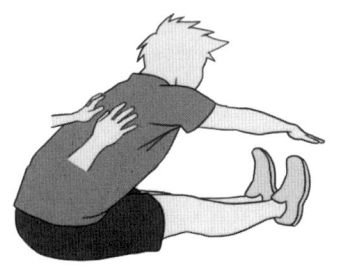

中小学生体能训练指引

2. 分腿跪姿体前屈拉伸

动作要领描述：左膝跪地，右腿向身体正前方伸直，双手臂伸直，躯干前倾使双臂沿右腿向前伸展至最大幅度，保持该姿势 20 秒，后放松回到起始姿势，换右膝跪地重复以上动作。

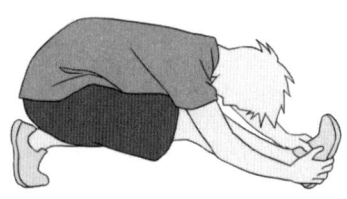

3. 深蹲体前屈拉伸

动作要领描述：双脚开立与肩同宽，屈髋屈膝使身体呈深蹲姿势，双手勾住双脚脚尖，缓慢伸直膝关节，保持该姿势 20 秒，后放松回到起始姿势。

4. 站姿小腿拉伸

动作要领描述：双脚并拢对墙站立，双手向前伸直并紧贴墙面，在保持双膝伸直、双脚尖向前、脚跟不离开地面的前提下，双脚逐步向后移动至最远距离，保持该动作 20 秒，然后回到起始姿势。

5. 跪姿肩部拉伸（婴儿式）

动作要领描述：双膝跪地，屈髋，臀部后坐，双臂伸直并向前伸展，肩部下压使双臂尽可能贴向地面，保持该姿势 20 秒，后回到起始姿势。重复该动作 3～6 次。

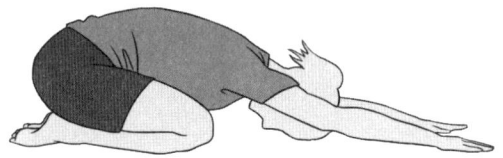

6. 俯卧脊柱伸展

动作要领描述：俯卧于地面，双手在肩部位置撑于地面，缓慢伸直手臂，将上半身逐渐抬离地面，腹部放松，使髋部紧贴地面，保持该动作 20 秒，后缓慢屈曲手臂，使身体恢复到起始姿势。

7. 站姿肩部拉伸

动作要领描述：站立在稳定的直立支撑物旁，将一手置于支撑物后，保持上臂与肩膀在同一平面。双脚呈前后分腿姿势站立，躯干缓慢向前移动，直到胸部肌肉有拉伸的感觉，保持该动作 20 秒，后缓慢回到起始姿势换另一侧重复以上动作。

8. 站姿髂胫束拉伸

动作要领描述：身体直立，双脚开立与髋同宽，一侧脚向前横跨过另一侧脚，对侧手臂伸直高举过头，同侧手稍用力将髋部向对侧推，使躯干呈侧弯姿势，保持该动作 20 秒，然后换对侧重复该动作。

9. 坐姿梨状肌拉伸

动作要领描述：双腿伸直坐于地面，将一侧腿屈膝跨过另一侧腿，同侧手撑地保持身体稳定；被跨过的一侧腿保持伸直并紧贴地面，同侧手臂环抱屈膝腿的膝盖外侧，缓慢将膝关节拉向胸前，直至屈膝腿的大腿外侧有拉伸的感觉，保持该动作20秒，后换对侧腿重复该动作。

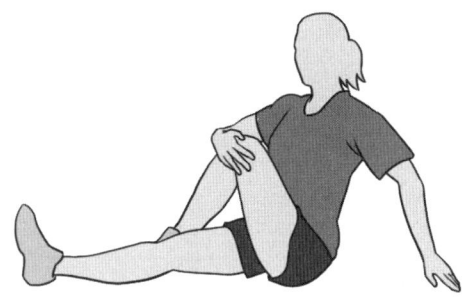

10. 坐姿内收肌拉伸

动作要领描述：身体呈坐姿，保持背部挺直，屈膝将两脚掌相对并尽可能靠近身体，双手握紧脚掌确保其紧紧相对。将双膝缓慢地向地板靠近，当到达最大幅度时，保持该姿势20秒，然后恢复至起始姿势。

11. 站姿股四头肌拉伸

动作要领描述：双脚站立，一侧手扶住某一物体保持身体平衡，用另一侧手握住同侧踝关节将腿向后弯曲，使脚后跟靠近臀部。在保持拉伸腿紧贴站立腿的前提下，将拉伸腿向后上方拉伸至最大幅度，保持该动作 20 秒后恢复到起始姿势，换对侧腿重复以上动作。

12. 站姿（或坐姿）双侧肩部拉伸

动作要领描述：身体呈站姿或坐姿，将一侧手臂伸向身后，并尽可能地向上伸。同时用另一只手握住一条毛巾，从同侧肩部上方伸向颈后，并将手臂尽可能往下伸，使下面的手能握住毛巾。保持挺胸抬头姿势，用下面的手往下拉至最大幅度，保持 20 秒，然后再用上面的手往上拉至最大幅度并保持 20 秒。然后双手交换位置重复该动作。

13. 猫式脊柱伸展

动作要领描述：四肢撑地跪立在瑜伽垫上，双手、双脚分开与肩同宽，使两侧大腿与手臂垂直于地面，脚背绷直放于地面，背部保持与地面平行，上臂外旋使肩部打开,手肘处要有适当弹性。缓慢吸气,背部慢慢向下,臀部自然向上翘起,胸部向上提升,头部随着脊柱弯曲慢慢抬起,脖子拉长,不要耸肩,眼睛看向斜上方,两侧手臂与大腿仍垂直于地面,脊柱随着吸气向下弯成弧形至最大幅度。然后呼气,随着呼气先慢慢将背部恢复到起始位置,再继续向上拱起,腹部慢慢收紧,脊柱形成一个拱形,头部随着呼气和背部的拱起慢慢向下,眼睛看向大腿处,大腿和手臂仍然垂直于地面,随着呼气,背部拱到最大幅度。

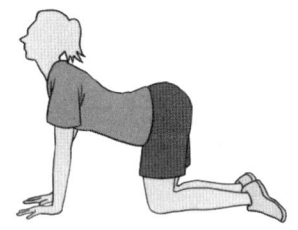 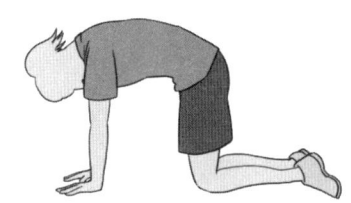

二、 常见的动态拉伸

1. 毛毛虫爬行

动作要领描述:身体呈站姿,直腿弯腰直至双手碰到地面,双脚不要移动,双手交替向前爬行使身体逐步贴近地面,腹部收紧,双手一直爬行至身体所能控制的极限为止;接着固定双手位置,保持双腿伸直,双脚逐步向前走,使身体逐步拱起,回到起始的弯腰姿势,然后依次重复以上动作3～5次。

 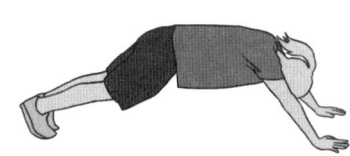 

2. 最伟大拉伸

动作要领描述：身体俯撑，呈俯卧撑姿势，左脚向前跨出至左手外侧，左手离开地面伸直向左侧旋转至最大幅度，再向下旋转至最大幅度，使左肘向下尽可能贴近地面；接着双手在左脚两侧向后上方撑起身体，同时左腿逐步蹬直，成两腿伸直的状态。然后身体重心下压成弓步姿势。交换另一侧重复以上动作。

3. 行进间提膝

动作要领描述：身体直立，右腿向前抬起直至双手抱住膝盖前侧，膝关节自然弯曲，双手稍微用力使膝盖贴近胸部，右腿放下向前迈出一步，换左腿重复以上动作。

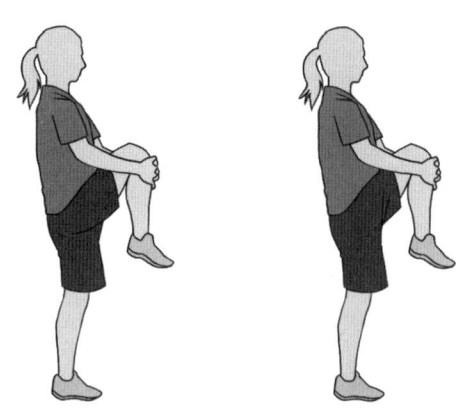

4. 行进间斜抱膝

动作要领描述：身体直立，右腿向前抬起，同时右髋外旋，右手抱住膝关节外侧，左手抱住踝关节外侧，保持右侧大腿正对前方，双手同时用力使右腿逐步往胸部靠近。右腿放下向前迈出一步，换左腿重复以上动作，双腿交替进行。

5. 行进间股四头肌拉伸

动作要领描述：身体直立，右侧小腿自然后摆至最高点，右手顺势抓住踝关节，保持双侧大腿并拢，右手向后上方用力拉，使右侧大腿前侧有牵拉感。右腿放下向前迈出一步，换左腿重复以上动作，双腿交替进行。

6. 行进间单腿直腿硬拉

动作要领描述：右腿单腿站立，双侧手臂外展与躯干成90°，支撑腿微屈，右侧髋关节屈曲，躯干逐步前倾直至与地面平行，左腿伸直保持与躯干成一条直线，挺胸抬头，保持背部平直。身体逐步恢复到起始姿势，左腿向前迈出一步，换左腿单腿站立重复以上动作，双腿交替进行。

7. 弓步行走

动作要领描述：身体直立，双脚并拢。一侧腿向前迈出一步，双膝弯曲使身体下降，直至前侧大腿接近水平、后侧腿膝盖几乎接触地面。注意保持上身直立，前侧腿膝盖不要超过脚尖。然后前脚脚跟发力，支撑身体逐渐站起，同时后腿向前迈出一步，重复前面的弓步动作。双腿交替以弓步的动作向前行走。

8. 交替侧弓步

动作要领描述：身体直立，双脚开立与肩同宽，抬头挺胸。向身体的一侧迈出一大步，保持脚尖指向前方，同侧腿屈髋屈膝下蹲至大腿接近水平，对侧腿伸直，并保持脚掌与地面接触、背部挺直。保持该动作至规定时间，然后用负重侧的脚后跟发力，使身体恢复至起始姿势。换另一边重复以上动作，双腿交替进行。

9. 行进间正踢腿

动作要领描述：身体直立，双脚开立与肩同宽，两臂侧平举，抬头挺胸。一侧腿伸直快速向前踢出，支撑腿蹬直，保持躯干挺直；腿踢至最高点后快速下压恢复到起始姿势，并顺势向前迈出一步，换另一侧腿重复以上动作。双腿交替进行。

10. 行进间交叉步

动作要领描述：双脚开立稍比肩宽，两臂侧平举，以左腿先动为例，左腿向右侧做交叉步，左脚的落点在右脚的左前方，此时髋关节随左腿摆动向右侧转动。然后右脚向右侧移动，使双脚成开立状，两脚尽量在一条水平线上。在完成这一动作后，左腿向右腿的右后方做交叉步，左脚的落点在右脚的右后方，髋关节随左腿摆动向左侧转动。然后右脚向右侧移动，使双脚成开立状。整个过程双侧手臂需保持侧平举，以维持身体平衡。

附件　训练方案示例（以一周训练两次为例）

训练环节	训练内容	
	训练课一	训练课二
热身	慢跑	慢跑
	激活、动态拉伸	激活、动态拉伸
爆发力训练	（1）跳箱练习：6次×2组 （2）实心球下砸：8次×2组	（1）跳栏架练习：6次×2组 （2）后抛实心球：8次×2组
速度、灵敏训练 （2～3组）	（1）坐姿摆臂练习：10秒 （2）对墙踏步练习：8次 （3）前倾启动加速练习 （4）绳梯练习	（1）站姿摆臂练习：10秒 （2）对墙踏步快速交替练习：8次 （3）俯卧启动加速练习 （4）六边形灵敏练习
力量训练 （2～3组）	组合一： （1）徒手下蹲：10次 （2）俯卧Y、T、W字：5次 （3）平板支撑：30秒 组合二： （1）俯卧撑：8次 （2）悬绳划船：8次 （3）侧平板支撑：20秒	组合一： （1）原地箭步蹲：6次 （2）壶铃硬拉：6次 （3）弹力带核心抗旋：8次 组合二： （1）单手肩上推举：8次 （2）引体向上：8次 （3）单腿背桥：20秒
耐力训练	20米折返跑：3～5趟/组×3～5组（间歇30～60秒）	跳绳：1分钟/组×6～8组（间歇1分钟）
拉伸	身体各部位静态拉伸	身体各部位静态拉伸

第四章

中小学生体能训练与营养健康

中小学生进行体能训练需要消耗很多能量和营养物质,那么如何吃才能既保障学生们的良好营养状态又能促进体能训练呢?这是很多老师和家长关心的问题,也是很多中小学生想要了解的问题。实际上,任何时候,我们要保持良好的营养状态,平时的饮食均衡最重要,同时在特殊时期辅以针对性的营养补充即可。本章将从中小学生营养物质的需求、运动营养补充时机以及复习考试期间的饮食指导三个方面来对上述问题给予回答,希望能对中小学生的健康促进有所帮助。

第一节 中小学生营养物质的需求

一、中小学生应该吃什么才能长得够高够壮

经常有中小学生的家长会问:吃什么才能让自己的孩子长得够高和够壮呢?其实很容易解决,吃好一日三餐再配合适当的体育锻炼就可以了。

前面谈到吃好一日三餐就可以使我们长得够高够壮,那到底是吃什么东西呢?其实中国营养学会的专家们在中国居民平衡膳食宝塔中已经说得很清楚了,就是每日三餐至少要进食谷薯类、蔬菜、水果、动物性食物、奶类、豆类、坚果类等食物中的一种食物,同时保障每天至少进食12个品种、一周25个品种、每周吃2次鱼,1天进食1个鸡蛋,如下图所示。具体每个中小学生要吃多少,下面会慢慢介绍。

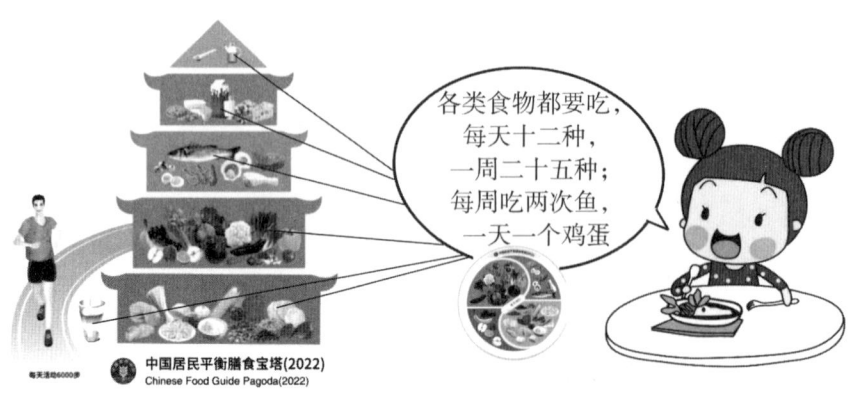

1. 谷薯类食物

现代人对谷薯类食物似乎有一种天然的排斥，认为谷薯类食物糖分多，容易导致肥胖。其实这是一个非常错误的认识。谷类食物主要指的是大米、小麦、大麦、燕麦、玉米等食物，而薯类食物则指的是红薯、土豆、山药等食物。谷薯类食物含有丰富的碳水化合物、维生素、膳食纤维等营养素，常吃全谷类和薯类食物有益健康，而且对于中小学生来说，这类食物有利于长身体。中国居民平衡膳食宝塔推荐谷薯类食物每天的摄入量为：① 6～10 岁为 150～200g，其中全谷类为 30～70g/天、薯类为 25～50g/天；② 11～13 岁为 225～250g，其中全谷类为 30～70g/天、薯类为 25～50g/天；③ 14～17 岁为 250～300g，其中全谷类为 50～100g/天、薯类为 50～100g/天。

2. 蔬菜

蔬菜是指能做菜、烹饪为食品的一类植物或菌类。蔬菜中含有丰富的矿物质、维生素和膳食纤维，是中小学生生长发育必不可少的食物。但是现在很多中小学生不爱吃蔬菜，这是一个很不好的现象。有研究发现，现在的中小学生便秘、肥胖以及慢性病低龄化跟蔬菜、水果进食过少而动物性食物和高热量食物进食过多有关。中国居民平衡膳食宝塔推荐蔬菜每天的摄入量为：① 6～10 岁为 300g；② 11～13 岁为 400～450g；③ 14～17 岁为 450～500g。深颜色的蔬菜最好达 1/2 以上。

3. 水果

水果指多汁且主要味觉为甜味和酸味的可食用的植物果实。水果中富含维生素、矿物质、膳食纤维，同时还含有丰富的植物化学物质，对中小学生的生长发育非常有益。中国居民平衡膳食宝塔推荐水果每天的摄入量为：① 6～10 岁为 150～200g；② 11～13 岁为 200～300g；③ 14～17 岁为 300～350g。

4. 动物性食物

动物性食物俗称肉类，通常指的是动物来源的食物，包括畜禽肉、蛋类、海产品、奶及其制品。动物性食物的营养非常丰富，含有丰富的蛋白质、脂肪、维生素和矿物质，是中小学生补充蛋白质等营养物质的一个重要来源；同时由于肉类味道鲜美、口感好，因此深得家长和中小学生的喜爱。但是有些家长担心自己的孩子营养不够，每天让他们吃的肉类太多，而且烹调方式也喜欢采用煎、炸、烧烤的方式（如烧鸡、烧肉、烤鸭、烧鹅等），这样反而容易造成他们营养摄入不均衡，高热量、高蛋白、高脂肪食物摄入较多，从而导致中小学生肥胖现象普遍。中小学生一旦肥胖，事实上要减体重是要花费很大的精力和毅力的，而且往往还不一定有效果，同时还会严重影响他们的运动兴趣。中国居民平衡膳食宝塔推荐动物性食物每天的摄入量为：① 6～10 岁：畜禽肉 40g，水产品 40g，蛋类 25～40g；② 11～13 岁：畜禽肉 50g，水产品 50g，蛋类 40～50g；③ 14～17 岁：畜禽肉 50～75g，水产品 50～75g，蛋类 50g。

5. 奶类

奶类主要是指由动物分泌的乳汁。由于其除了含有丰富的蛋白质外，钙的含量也比较丰富，每100mL约含120mg的钙，是补充钙的良好选择，因此中小学生要想长得强壮和高大，牛奶等含钙和蛋白质丰富的食物必不可少。中国居民平衡膳食宝塔推荐奶类每天的摄入量为300g（6～17岁）。

6. 豆类

豆类是中国人最重要的食物，属于古人说的"五谷"之一，包括大豆、黑豆、蚕豆、绿豆、菜豆等。有人说有中国人的地方就有豆腐，而豆腐的主要原料就是大豆，是中国人蛋白质和钙的重要来源，同时其含有丰富的膳食纤维及植物油，可以说豆类是营养价值非常高且值得推荐的一种健康食物。大豆制品包括豆腐、豆浆、豆腐脑、支竹、豆腐干等。通常说的大豆指的是黄豆和黑豆，其蛋白质、脂肪、钙、膳食纤维等含量丰富。中国居民平衡膳食宝塔推荐大豆每周的摄入量为：6～10岁为105g；11～13岁为105g；14～17岁为105～175g。其他豆类如绿豆、蚕豆、菜豆等则含碳水化合物、膳食纤维比较多，通常归为杂粮类，可作为主食的一个补充。由于大豆不会出现乳糖不耐受的问题，因此对于乳糖不耐受的中小学生来说，可以用豆腐、豆浆等代替奶类作为蛋白质和钙的主要来源。

7. 坚果类

坚果泛指皮坚果硬的植物果实种子，核桃、杏仁、开心果、花生、瓜子等就是平时常见的坚果。坚果含丰富的蛋白质、脂肪、矿物质和维生素，是我们补充蛋白质、脂肪和矿物质的重要来源。坚果类食物中的油脂含有一种叫 ω-3 的脂肪酸和矿物质锌，对中小学生的大脑发育有好处，因此通常被推荐为补脑的食物。但是由于其所含油脂较多、能量较多，因此不宜多食。中国居民平衡膳食宝塔推荐坚果每周的摄入量为：6～10岁为50g；11～13岁为50～70g；14～17岁为50～70g。

从上面我们知道，食物能提供人体所需的所有营养物质，这些营养物质（或营养素）包括碳水化合物、脂肪、蛋白质、维生素、矿物质、水和膳食纤维，如下图所示。只要这些营养物质搭配均衡，就可以保障我们机体的正常需要以及满足我们进行体育锻炼时的需求。

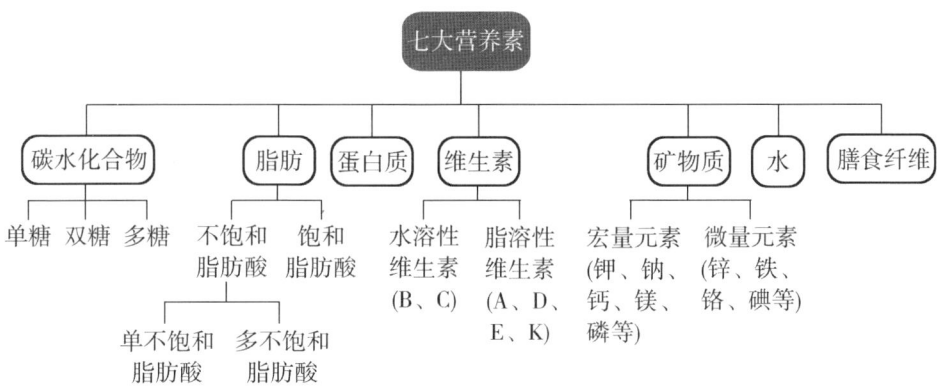

总之，要想长得又高又壮，不挑食、不偏食，保持营养均衡就可以。同时应配合一定的体育锻炼，每天至少进行60分钟的中强度的锻炼，每周至少进行3次高强度锻炼。体育活动可多种多样，具体项目可根据自身情况进行选择。下图是中国居民平衡膳食宝塔关于各个年龄段的推荐量示意图，可作为进食量参考。

6~10岁学龄儿童平衡膳食宝塔

盐	<4克/天
油	20~25克/天
奶及奶制品	300克/天
大豆	105克/周
坚果	50克/周
畜禽肉	40克/天
水产品	40克/天
蛋类	25~40克/天
蔬菜类	300克/天
水果类	150~200克/天
谷类	150~200克/天
——全谷物和杂豆	30~70克/天
薯类	25~50克/天
水	800~1000毫升/天

11~13岁学龄儿童平衡膳食宝塔

盐	<5克/天
油	25~30克/天
奶及奶制品	300克/天
大豆	105克/周
坚果	50~70克/周
畜禽肉	50克/天
水产品	50克/天
蛋类	40~50克/天
蔬菜类	400~450克/天
水果类	200~300克/天
谷类	225~250克/天
——全谷物和杂豆	30~70克/天
薯类	25~50克/天
水	1100~1300毫升/天

第四章 中小学生体能训练与营养健康

14～17岁学龄儿童平衡膳食宝塔

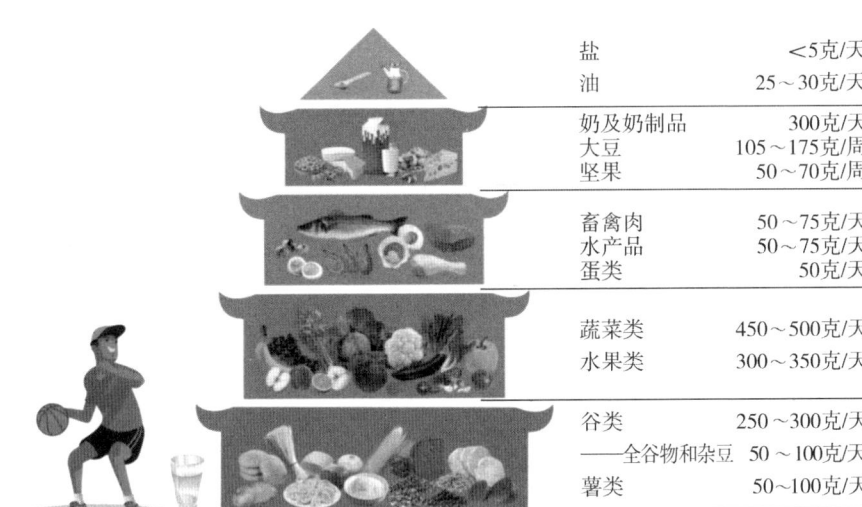

盐	<5克/天
油	25～30克/天
奶及奶制品	300克/天
大豆	105～175克/周
坚果	50～70克/周
畜禽肉	50～75克/天
水产品	50～75克/天
蛋类	50克/天
蔬菜类	450～500克/天
水果类	300～350克/天
谷类	250～300克/天
——全谷物和杂豆	50～100克/天
薯类	50～100克/天
水	1200～1400毫升/天

二、中小学生碳水化合物的需求

当前奶茶在我国非常流行，而且似乎成为了一种新兴时尚。对于中小学生来说，大部分人都喝过奶茶。但就是这么一小杯奶茶，却引起了很大的"风波"。2021年有新闻报道，深圳有一位年轻人，喜欢熬夜，而且每天都要喝奶茶，把奶茶当水喝。有一天他突然头痛并晕倒在家，送到医院后发现大脑出现了血栓，也就是平时说的中风。好在这位年轻人比较幸运，医生通过手术顺利取出了血栓使他得以康复。那么为什么奶茶有这么大的危害呢？原来奶茶中含有大量的精制糖，尤其有的奶茶用的还是玉米糖浆，里面含大量的果糖。相较于普通蔗糖，果糖对健康的危害更大、能量更高，同时还会导致肥胖、高脂血症等健康危害，应引起中小学生及家长的重视。这种含糖的高热量食物不宜多喝,最好不喝。糖的危害这么大,我们还能吃吗?平时说的碳水化合物又是怎么一回事呢?

(一) 碳水化合物就是 "糖" 吗

碳水化合物,俗称"糖",包括单糖、双糖、多糖等。碳水化合物是一种宏量营养素,普遍存在于水果、谷物、蔬菜、奶制品等食物中。

通常来说,碳水化合物在人进食后会在人体内分解,最终分解为不能再分解的糖,常称为单糖。单糖主要有葡萄糖、果糖、半乳糖等。

2个单糖结合就变成了双糖,而生活中吃的糖(如白砂糖、红糖)就是双糖,它们通常由葡萄糖和果糖结合而成,称为蔗糖。双糖还包括麦芽糖和乳糖等。麦芽糖主要来自淀粉类食物(如米、面制品),当我们咀嚼这些食物时会感觉有甜味,这是因为我们的唾液淀粉酶将淀粉分解成了麦芽糖。通常我们在食物中添加的糖主要是蔗糖、麦芽糖等双糖,世界卫生组织推荐这些添加糖每天的摄入量不超过50g,最好不要超过25g。前面谈到的喜欢喝奶茶的年轻人就是这种添加糖进食过多导致出现不良并发症,因此,对于中小学生,尤其要注意防止进食添加糖过多的食物。我们在运动中或运动后喝的运动饮料中也含有很多这种容易吸收的糖,在选择时要注意适可而止。

由3个或3个以上单糖分子聚合而成的糖类叫做多糖,包括淀粉、膳食纤维等。淀粉其实就是由多个单糖分子聚合而成的多糖类碳水化合物,淀粉由于含的单糖分子较多,所以分解需要的时间较长,同时吸收较慢,是我们平时碳水化合物的主要来源。但现代社会由于食品加工技术的进步,大米和面粉被磨得很细,再加上烹饪方法的问题,如食物煮的时间过长等,都会使淀粉类食物变得更容易吸收,从而导致容易肥胖。此时,可进食一些含膳食纤维较多的全谷类食物来弥补这些缺陷。

（二） 碳水化合物有什么用

碳水化合物最重要的功能是提供能量。当我们饥饿的时候，会出现头晕、心跳加快的症状，这是因为机体能量不足，出现了低血糖，此时喝点糖水就能解决问题。因为1g碳水化合物可产生4kcal的热量，还可以快速升高血糖，由于大脑主要靠葡萄糖来供能，因此可以减轻头晕等反应。碳水化合物除了能够作为能量来源之外，它还是构成机体组织尤其是神经细胞的重要成分，对促进中小学生的生长发育起着重要的作用。由于碳水化合物能提供充足的能量，可以减少蛋白质的分解，从而起着节约蛋白质的作用。脂肪酸要完全作为能量燃烧也需要葡萄糖的参与，如果葡萄糖不足，则会导致脂肪分解的中间产物酮体增加，容易产生酮体堆积，对身体不利。碳水化合物经糖醛酸途径代谢生成的葡萄糖醛酸是肝脏中重要的解毒剂，可与肝脏中的有害物质（如细菌毒素、酒精、砷等）结合，减轻或消除这些物质的毒性，所以，碳水化合物还具有解毒作用。此外，碳水化合物中的膳食纤维不会被消化吸收，因而具有增加饱腹感、促进排便、改善肠道菌群等促进肠道健康的作用。碳水化合物的上述功能如下图所示。由此可见，碳水化合物对人体来说是一个非常重要的营养物质，不可或缺，中小学生千万不要为了减肥而不吃碳水化合物。

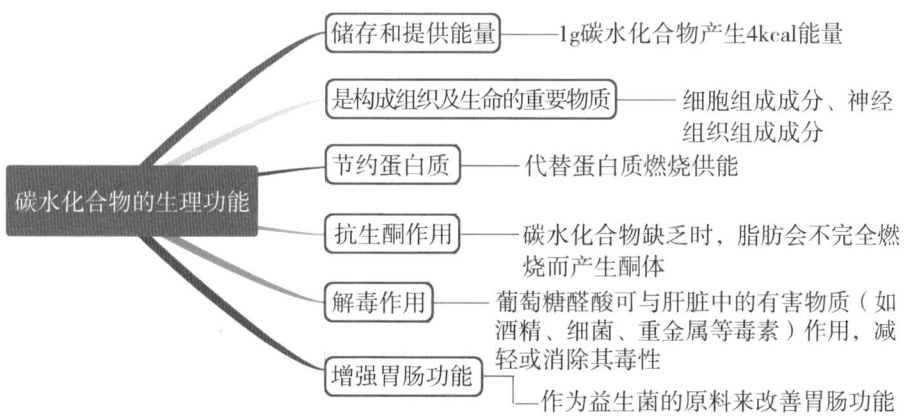

（三）哪些食物含有碳水化合物

碳水化合物广泛存在于各种食物中。大多数碳水化合物天然存在于食物中，比如谷薯类、杂豆类、水果类的食物富含碳水化合物，谷类食物的碳水化合物含量为60%～80%，薯类为15%～29%，豆类为40%～60%。有些加工食品中也会以淀粉或添加糖的形式添加碳水化合物，如奶茶、蛋糕、糖果、甜点等。

（四）我们该选择哪些食物

膳食中碳水化合物主要来自于谷类、薯类、豆类和水果，不同食物中的碳水化合物的含量、组成和性质不同，对健康也有不同的影响，我们需要选择合适的食物以获取优质的碳水化合物（见表5-1）。

表5-1 优质和非优质的碳水化合物的特点

	优质碳水化合物	非优质碳水化合物
加工程度	未经加工或经低度加工	精制或经深加工
食物种类	全谷物、完整的蔬菜、水果、豆类	精白米面、蛋糕、奶茶
食物营养特点	富含维生素、矿物质、膳食纤维、植物营养素等多种营养素，饱腹感强，血糖指数中等或较低	含大量易吸收的碳水化合物，热量较高，容易多吃，血糖指数较高

（1）优先选择全谷物而不是精制谷物。全谷物是指未经精细化加工或虽经碾磨（粉碎或压片等）处理但仍保留完整谷粒所具备的胚乳、胚芽、谷皮和糊粉层组分的谷物，包括全麦、糙米、燕麦、玉米等。精制谷物是经脱壳、碾磨、抛光等精细加工后的谷物，包括常见的精白米面等。精制谷物可能会在加工过程中丢失一些B族维生素。

（2）多吃豆类。豆类也是碳水化合物的良好来源，可以作为主食食用。

红豆、绿豆、芸豆、干蚕豆、鹰嘴豆等淀粉含量较高，且升糖指数不高，同时含有丰富的蛋白质、维生素、矿物质、膳食纤维。

（3）摄入薯类。薯类含有大量淀粉，也是碳水化合物的主要来源之一，常见的有土豆、红薯、紫薯、白薯、山药、芋头等。除此之外，薯类还含有丰富的膳食纤维，可促进肠道蠕动，预防便秘。

（4）尽量选择完整的水果。水果含有丰富的果糖、葡萄糖、蔗糖。应食用新鲜的、完整的、不添加糖的水果。水果还富含膳食纤维和水分，可促进肠道健康，增加饱腹感。而果汁、干果等热量相对较高。

（5）避免食用含有大量添加糖的食物。奶茶、蛋糕、饼干、薯片等食物在加工过程中加入了大量的糖，摄入含大量添加糖的食物会使血糖迅速上升，胰岛素分泌增加，可能使体重增加，导致肥胖，并增加患糖尿病、高血脂、高血压等慢性代谢性疾病的风险。选购食品时，可查看营养标签，配料表中的原料是按照加入量由高到低排列的，糖排位越靠前表示添加糖越多。

（五）我们应该吃多少碳水化合物

人体对碳水化合物的需要量通常以占总能量的百分比表示。中国营养学会建议碳水化合物摄入量的可接受范围为总能量的50%～65%。由于碳水化合物主要是由谷类食物提供，因此可换算成谷类食物量，则中小学生需要150～300g/天，具体见前文所述。添加糖摄入量每日不超过50g，最好限制在25g以内。添加糖是指人工加入到食品中的糖类，具有甜味，常用的有白砂糖、绵白糖、冰糖、红糖等。

（暨南大学附属广州红十字会医院　文罗娜）

三、中小学生蛋白质的需求

恩格斯指出：生命是蛋白质的存在形式。现代医学研究表明，蛋白质是一切生命的物质基础。最早是荷兰科学家格里特在 1838 年发现的，他观察到一切有生命的东西离开了蛋白质就不能生存。后来陆续有研究发现，一切机体的代谢都需要蛋白质的参与，离开了蛋白质就不能发挥作用，且细胞也不能生存。可见蛋白质对人的生命是多么的重要！

（一） 认识蛋白质

蛋白质是由 22 种氨基酸按照一定的排列顺序组成的一条长链，即多肽链，多肽链中的这些氨基酸"手拉手"，通过脱水缩合的方式组合在一起，再经过盘曲折叠形成具有一定空间结构的物质，如下图所示。

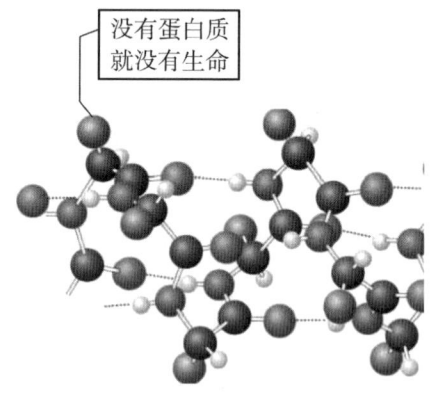

厨师眼中的蛋白质则是猪肉、牛肉、羊肉、鸡肉、鸭肉、鹅肉、鸡蛋、牛奶等各种各样的烹调食材。

（二） 蛋白质的功能

蛋白质参与构成人体各种重要的生理活性物质，也是机体细胞的重要组成成分，是人体组织更新和修补的主要原料，是人体中非常重要的一种物质。细胞是生命体最小的单位，蛋白质可以参与细胞的一些功能的调节，还能运载一些维持机体正常新陈代谢的物质在体内进行输送。另外，它还参与了机体的免疫系统，如补体、干扰素、抗体、免疫球蛋白等。同时，蛋白质还可以构成人体必需的具有催化作用和调节作用的各种酶；也可以作为激素，调节体内各器官的生理活性。

人体中的蛋白质处于动态平衡状态，每天都会进行更新代谢。我们吃的食物中含有的蛋白质，不能被人体直接吸收，需要经过胃、小肠中消化酶的消化，被水解成氨基酸后才能被机体吸收，然后通过血液循环到身体的各种组织中去，在体内合成各种蛋白质，用于机体组织的构建及受损组织的修补。在这个过程中，帮助我们消化食物的消化酶、血液循环中参与转运氨基酸的载体都是蛋白质。

除此之外，维持机体的体液平衡、血液凝固、视觉形成、人体的运动等过程都与蛋白质有关，而且，蛋白质也是人体生命活动所需能量的提供者。

蛋白质摄入不足会影响体内蛋白质的更新，导致生长发育迟缓、抵抗力下降、体重减轻、疲劳乏力、伤口不易愈合、水肿等；严重不足时会引发慢性消耗性疾病。

（三） 蛋白质的食物来源

膳食中，蛋白质的来源主要是植物性食物和动物性食物。但是，不同食物来源的蛋白质，在营养价值上会存在差异，特别是必需氨基酸的种类、数量和比例。奶类、蛋类、肉类、水产品等动物性食物来源的蛋白质，必需氨基酸种类齐全、数量充足、比例合适，营养价值比较高，但主要的缺陷是饱和脂肪酸和胆固醇含量也较高。而大豆蛋白也是非常优质的蛋白，其对健康的益处越来越被认可。

大麦、小麦等谷物中含有的蛋白质，各种必需氨基酸种类同样齐全，但相互的比例不合适，有的过多，有的过少，属于氨基酸组成不平衡的蛋白质。

（四）蛋白质的推荐摄入量

人体的蛋白质每天处于更新代谢过程中，理论上每天摄入 30g 蛋白质基本就能满足需求，但考虑安全性和消化、吸收等因素，对于中小学生来说，不同年龄、性别的蛋白质推荐摄入量如表 4-2 所示。

表 4-2　中国中小学生膳食蛋白质推荐摄入量

年龄/岁	推荐摄入量/ ($g \cdot d^{-1}$)	
	男	女
6	55	55
7	60	60
8～9	65	65
10	70	65
11～13	75	75
14～18	85	80

一块大小如扑克牌的煮熟的肉含有 30～50g 的蛋白质，一大杯牛奶含有 8～10g，半杯的各式豆类含有 6～8g。所以一天吃一块扑克牌大小的肉、喝两大杯牛奶、吃一些豆子，加上蔬菜、水果和米饭，便可摄入 60～70g 的蛋白质。若是需求量比较大，可以多喝一些牛奶，或是酌量多吃些肉类，以获得充足的蛋白质。

四、中小学生脂肪的需求

提及脂肪，大家可能会联想到肥胖、"三高"、心血管疾病等不好的事情，胖子嫌弃它、瘦子害怕它。其实，脂肪是人体必需的七大营养素之一，如果没有脂肪，人将无法生存。因此这些不好的事情不全是脂肪惹的祸！脂肪也有很多好处！

（一）脂肪到底有什么用

人的生存是离不开脂肪的，脂肪对人体至关重要。脂肪的生理功能如下图所示。

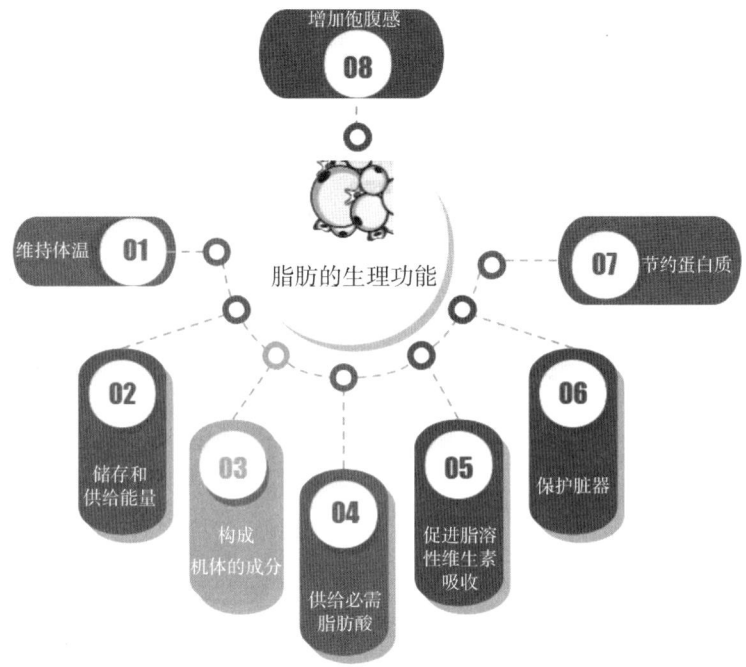

对于中小学生来说，如果要从事长跑、马拉松等耐力运动，适当补充脂肪是有利于提高成绩的。

（二）脂肪从哪里来

根据食物中脂类的来源可将脂肪分为两大类：动物性脂肪和植物性脂肪。脂肪根据饱和度又可分为饱和脂肪酸和不饱和脂肪酸，而不饱和脂肪酸又可根据不饱和键分为单不饱和脂肪酸及多不饱和脂肪酸，如下图所示。

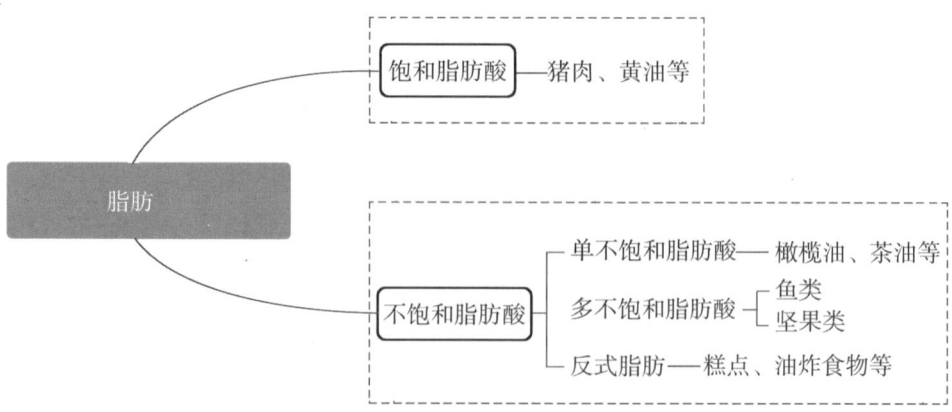

动物性脂肪中饱和脂肪酸和单不饱和脂肪酸含量多，而多不饱和脂肪酸含量较少。供给动物性脂肪的食物主要有畜禽肉、猪油、牛油、乳脂、蛋类及其制品。植物性脂肪主要来源于菜油、大豆油、花生油、葵花籽油等植物油及硬果类食物，其特点是含有较多的不饱和脂肪酸。如亚油酸普遍存在于各种植物油中，亚麻酸则主要存在于豆油和紫苏籽油中。

（三）脂肪吃多少好呢

脂肪的摄入量容易受人们的饮食习惯、生活条件、气候、季节的影响，因此世界各国对脂类的摄入量并没有一个统一的标准。中国营养学会建议，每日膳食中由脂肪供给的能量占总能量的比例为：儿童和少年为25%～30%；成年人以20%～25%为宜，一般不超过30%。

每天所摄入的脂类中，应有一定比例的不饱和脂肪酸。理想的脂肪酸构成量为：饱和脂肪酸：单不饱和脂肪酸：多不饱和脂肪酸＝1：1：1，而多不饱和脂肪酸 $\omega-6$ 与 $\omega-3$ 的比例以（4～6）：1为佳。

五、中小学生维生素的需求

维生素，顾名思义，是维持生命的要素。维生素是维持人体正常生命过程所必需的一类小分子有机物。它既不是构成组织的主要原料，也不是供应能量的物质。虽然不产生能量，但是它对促进能量燃烧起着类似助燃剂的不可替代的作用。可见维生素对人体的重要作用是其他营养物质所不能替代的。大多数维生素是某些酶的辅酶的组成成分，在物质代谢中也具有重要的作用。如果在食物摄入过程中缺乏某种维生素或因疾病等因素导致维生素的吸收利用发生障碍，那么就会引起物质的代谢失常，从而表现出维生素缺乏症。

维生素的种类有很多，其化学结构差别也很大。按照溶解性可把维生素分为两大类：脂溶性维生素和水溶性维生素，如表4-3所示。

表4-3 维生素的分类

脂溶性维生素			
维生素A	维生素D	维生素E	维生素K
水溶性维生素			
维生素B_1	维生素B_2	维生素B_3（烟酸、尼克酸）	维生素B_6
维生素B_9（叶酸）	维生素B_5（泛酸）	维生素H（生物素）	维生素B_{12}
维生素C			

脂溶性维生素的特点是不溶于水而溶于脂肪、有机溶剂。这类维生素可以在体内大量储存，其主要贮存于肝脏部位，如果摄入过量则会引发中毒。这类维生素主要包括维生素A、维生素D、维生素E、维生素K（凝血维生素）等。

水溶性维生素的特点是可溶于水。除维生素B_{12}外，其他水溶性维生素几乎不会在体内贮存，大多会随着尿液排出体外。此类维生素有：维生素B_1、维生素B_2、维生素B_3、维生素B_6、维生素B_9、维生素C等。

缺乏维生素会导致很多疾病，如表4-4所示，具体维生素的推荐摄入量如表4-5所示。

表4-4 常见维生素的缺乏表现和食物来源

维生素	缺乏症	食物补充
维生素A	夜盲、结膜干燥、皮肤干燥脱屑、毕脱氏斑	肝脏、鱼肝油、胡萝卜、橙子
维生素B_1	神经炎、脚气病、食欲不振	豆类、玉米、燕麦等粗粮
维生素B_2	口角炎、舌炎、口腔溃疡	牛奶、鸡蛋、肝脏
维生素B_3	皮炎、腹泻、痴呆	肝脏、鸡蛋、新鲜蔬菜
维生素B_9	贫血、腹泻、儿童神经管畸形	新鲜蔬菜、水果
维生素C	出血、坏血病、抵抗力下降	橘、橙、猕猴桃、西红柿等新鲜蔬菜水果
维生素D	佝偻病、骨质疏松、软骨病	鱼肝油、肝脏、蛋黄
维生素E	溶血性贫血	胡麻油、蛋黄、豆油

表4-5 各年龄段的维生素的推荐摄入量

维生素	性别	年龄/岁		
		7～10	11～13	14～17
维生素A（μgRAE/d）	男	500	670	820
	女		630	630
维生素B_1（mg/d）	男	1.0	1.3	1.6
	女		1.1	1.3
维生素B_2（mg/d）	男	1.0	1.3	1.5
	女		1.1	1.2
维生素B_3（mgNE/d）	男	11	14	16
	女	10	12	13
维生素B_9（μgDFE/d）		250	350	400
维生素C（mg/d）		65	90	100
维生素D（μg/d）		10	10	10
维生素E（mg α-TE/d）		9	13	14

（暨南大学附属广州红十字会医院　王宇琦）

六、中小学生矿物质的需求

据研究发现,人体组织中已检测到 81 种元素,但迄今为止确定参与构成人体组织结构、参与机体代谢和维持生理功能所必需的元素为 26~28 种。这些元素中除了碳、氢、氧和氮组成碳水化合物、脂肪、蛋白质、维生素等有机化合物外,其余的元素均称为矿物质。按照其在体内的含量又分为常量元素和微量元素两类:①常量元素:在人体中的含量>0.01% 人体体重,如钙、镁、钾、钠、硫、磷、氯;②微量元素:在人体中的含量<0.01% 人体体重。1995 年,FAO/WHO 将铜、铁、锌、铬、钴、硒、碘、钼、锰、氟 10 种元素列为必需微量元素。在人体的新陈代谢过程中,每天都有一定数量的矿物质通过粪便、尿液、汗液、头发等途径排出体外,因此必须通过饮食予以补充。在我国,容易缺乏的矿物质主要是钙、铁、锌、硒、碘。

(一)让我们"骨气"十足的钙

钙是人体内含量最多的矿物质,占体重的 1.5%~2%。体内 99% 的钙主要存在于骨骼和牙齿中。钙是中小学生能够长高的一个重要元素,如果缺乏钙,不但长不高,而且还有可能导致佝偻病。而要防止这一现象出现就必须经常进行户外活动,这样不仅可以补充维生素 D,还可以增加钙的吸收和利用。同时还需要通过食物来补充钙,牛奶、豆类及其制品等是补充钙的最好来源。钙的具体需要量如表 4-6 所示。

表 4-6 中国营养学会推荐的中小学生膳食钙的参考摄入量

年龄/岁	推荐摄入量/(mg·d^{-1})	可耐受最高摄入量/(mg·d^{-1})
0~0.4	200	1000
0.5~0.9	250	1500

续表 4-6

年龄/岁	推荐摄入量/（mg·d^{-1}）	可耐受最高摄入量/（mg·d^{-1}）
1～3	600	2000
4～6	800	2000
7～10	1000	2000
11～13	1200	2000
14～17	1000	2000
18	800	2000

（二）贫血为什么总说要补铁

铁是人体中必需微量元素中含量最多的一种。铁缺乏是全球范围内最常见的营养缺乏病，在发展中国家，30%～40%的婴幼儿和育龄妇女存在铁缺乏。铁的生理功能主要是合成血红蛋白，因此缺铁时易引起缺铁性贫血；缺铁还会影响色素酶的合成，影响婴幼儿和儿童的学习行为。儿童缺乏铁，会出现对外界反应差、易怒、不安、注意力不集中、学习能力差的现象。缺铁还影响免疫细胞功能，导致机体对细胞、病毒的抵抗力降低。

由此可见，铁对中小学生来说至关重要，尤其是运动时更需要。因为铁是血红蛋白中的一种重要成分，当缺乏铁时，血红蛋白下降，运输氧的能力下降，进一步影响运动能力。因此中小学生在体育锻炼期间更要注意铁的补充。铁的具体需要量如表4-7所示。

表4-7 铁的膳食参考摄入量（单位：mg/d）

年龄/岁	EAR（平均需要量）		RNI（推荐摄入量）		UL（可耐受最高摄入量）
	男	女	男	女	
0～0.4	—		0.3（适宜摄入量）		—
0.5～0.9	7.0		10.0		—
1～3	6.0		9.0		20.0

续表 4-7

年龄/岁	EAR（平均需要量）		RNI（推荐摄入量）		UL（可耐受最高摄入量）
	男	女	男	女	
4～6	7.0		10.0		30.0
7～10	10.0		13.0		35.0
11～13	11.0	14.0	15.0	18.0	40.0
14～17	12.0	14.0	16.0	18.0	40.0
18	9.0	15.0	12.0	20.0	40.0

铁在各类食物中的分布不均衡。食物中的铁分为血红素铁和非血红素铁。血红素铁一般存在于动物性食物中（如动物肝脏、动物全血、畜禽肉类等），含量和吸收率均较高；非血红素铁主要存在于植物性食物中（如粮谷类、蔬菜及水果等），铁的吸收率和利用率较动物性食物的低。牛奶是贫铁食物，且吸收率不高。因此补铁首选动物肝脏、动物血、牛肉和猪肉等食物。

（三）让你有一个好胃口的锌

人体内的锌广泛分布于全身组织，参与体内代谢活动，对生长发育、免疫功能、物质代谢和生殖功能等具有重要的作用。要想胃口好、吃饭香，其中一个最重要的元素就是锌。因为它对改善食欲和味觉非常重要，还能提高免疫力和促进长高。

膳食摄入不足、机体吸收利用有障碍、腹泻、生长发育等都可能导致锌需要量的增加。锌缺乏早期的特征是生长迟缓和摄食减少；中度缺乏多表现为味觉异常、精神萎靡，男性性发育延迟、暗适应异常、皮肤改变、伤口愈合缓慢等；严重缺乏见于肠病性肢端皮炎的患者，临床表现包括生长迟缓、腹泻、脱发、精神萎靡和免疫力降低。可见锌对我们是多么的重要！锌的具体需要量如表 4-8 所示。

表4-8 膳食锌的参考摄入量（单位：mg/d）

年龄/岁	EAR（平均需要量）		RNI（推荐摄入量）		UL（可耐受最高摄入量）
	男	女	男	女	
0～0.4	—		2.0（适宜摄入量）		—
0.5～0.9	2.8		3.5		
1～3	3.2		4.0		8.0
4～6	4.6		5.5		12.0
7～10	5.9		7.0		19.0
11～13	8.2	7.6	10.0	9.0	28.0
14～17	9.7	6.9	12.0	8.5	35.0
18	10.4	6.1	12.5	7.5	40.0

食物中的大部分锌与蛋白质和核酸结合，一般处于稳定的络合状态。富含蛋白质的动物性食物和贝类是锌的最好来源。海牡蛎含锌最丰富，其次为畜禽肉及肝脏、蛋类。植物性食物的含锌量一般较低，主要存在于谷类、豆类的胚芽中。精加工过程可能导致锌丢失，如将小麦加工成精面粉的过程中大约有80%的锌流失，由豆类制成的罐头的锌含量比新鲜大豆的损失60%左右。

（四）中小学生需要适量补碘

碘是人体必需的微量元素之一。碘缺乏病是目前世界上流行最为广泛的一种地方病，特别是在远离海岸的内陆地区。人体中70%～80%的碘存在于甲状腺内，甲状腺利用碘合成甲状腺素，调节机体的新陈代谢。人体中的碘80%～90%来自食物，10%～20%来自水，不足5%来自空气。在生命早期，碘缺乏所致的生长发育障碍是不可治愈的，但能通过简单的补碘有效地预防，这就是我国推广碘强化食盐的原因。

中小学生因生长发育对碘的需要量增加，是碘缺乏的高危人群。婴幼儿期,碘缺乏会导致生长发育迟缓,严重者身材矮小、智力低下,称为呆小症;成人时期,碘缺乏时甲状腺细胞数目代偿性增多、体积增大,会从血液中吸收较多的碘,致甲状腺肿大。青春发育期因对碘的需要量的增多而易发生甲状腺肿大。此外,长期摄入含抗甲状腺素因子的食物,如十字花科植物中的萝卜、甘蓝、花菜等,因其含有β-硫代葡萄糖苷等,可干扰甲状腺对碘的吸收和利用,故也是引起碘缺乏的原因之一。

很多人一听说有人出现大脖子,就认为肯定是缺碘引起的,其实不完全是。当食物中缺乏碘的时候,我们又没有注意补充,就很容易出现碘缺乏,导致甲状腺代偿性肿大,从而导致大脖子。但现代科学研究发现,其实有很多原因会导致脖子肿大,比如碘过多或其他一些疾病(如结节性甲状腺疾病和桥本氏病等)都会引起脖子肿大,因此要加以区别。

长期高碘摄入又会导致高碘性甲状腺肿。我国曾有部分地区的居民因饮用深井高碘水或常吃碘含量高的食物而造成甲状腺肿,部分地区的患病率甚至高达20%～40%。因此补碘时需适当。碘的具体需要量如表4-9所示。

表4-9 碘的推荐摄入量(单位:μg/d)

年龄/岁	EAR(平均需要量)	RNI(推荐摄入量)	UL(可耐受最高摄入量)
0～0.4	—	85(适宜摄入量)	—
0.5～0.9	—	115(适宜摄入量)	—
1～3	65	90	—
4～6	65	90	200
7～10	65	90	300
11～13	75	110	400
14～17	85	120	500
18	85	120	600

富含碘的食物主要是海产品,其中海带、紫菜的含量较为丰富,其他如海鱼、海虾、蛤干、蚶干、干贝、海参、海蜇等也含有少量碘。植物性食物

及饮水中的碘含量多受地理环境的影响，在远离海岸的内陆地区或海拔较高的地区一般都较低。

七、 生命之源——水

水是生命之源，为身体补充充足的水分，才能维持好的身体状态，保持身体的健康。一个人在只供水而不给任何食物的条件下可存活数周，但如果不提供饮水，一般数日即死亡。因此，我们平时要注意多喝水，特别是在运动时要更加注意补充水分，而且由于在运动时会出很多汗，汗液中含有很多钾、钠离子，因此还要补充一些电解质，最好饮用电解质水，这样运动后的疲劳修复效果会更佳。

（一） 水在我们身体内具有的生理功能

水可以帮机体做很多事情，最重要的是输送营养，通过水分可以将养分输送到全身各个细胞。水的生理功能具体如下图所示。

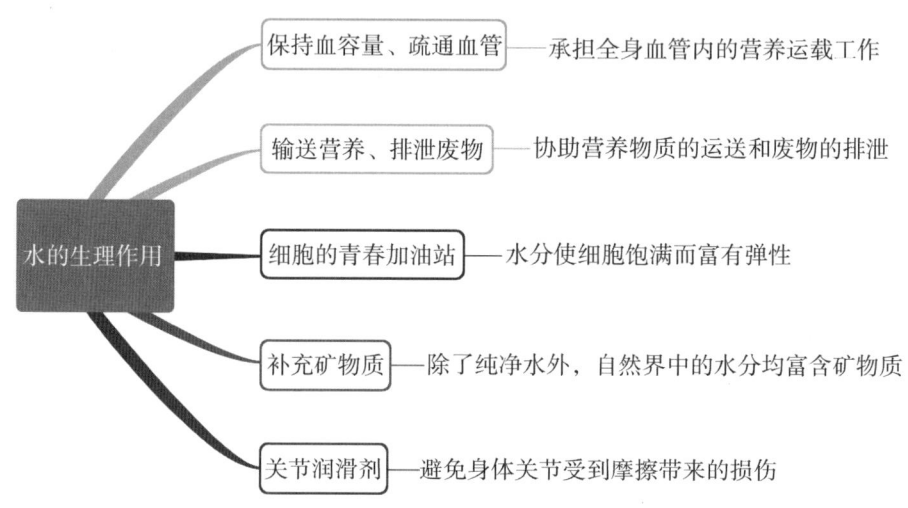

（二）如何通过身体的状况来判断我们是否缺水

（1）观察尿液颜色。在经过漫长的一夜睡眠之后，如果第一次尿液是黄色的且气味很大，说明这个时候身体是缺水的，需要饮水补充。喝了足够的水后，尿液就会没有气味，而且是淡黄色或没有颜色的。

（2）观察自己是否口干。身体缺水会导致口干舌燥，如果你感到口干想喝水，说明你的身体已经比较缺水了。口干程度越明显，身体缺水就越严重。此外，缺水也会引起皮肤干燥。

（3）观察自己是否便秘。摄入食物后，食物中的营养素被人体吸收，剩下的残渣被慢慢压缩，移动到大肠。如果体内水分不足，大便在通过小肠和大肠时会变得又硬又圆，并且移动速度将变得缓慢，这样就出现了便秘。

（三）常见饮用水的类型

（1）白开水。将达到国家生活饮用水卫生标准的水煮沸后的可以饮用的水称为白开水。从经济和卫生的角度考虑，白开水是安全的、方便的饮用水。

（2）矿泉水。天然矿泉水贮存于地下深处，未受污染且含有偏硅酸和多种微量元素，经自然涌出或人工采集后，经过过滤、净化工艺制成矿泉水。优质的矿泉水通常低钠、矿物质含量适中，既有利于身体健康，水质的口感也较好。

（3）纯净水。纯净水是指以符合生活饮用水卫生标准的水为水源，采用蒸馏法、电渗析法、离子交换法、反渗透法及其他适当的加工方法，除去水中的矿物质、有机成分、有害物质及微生物等加工制成的饮用水。

（暨南大学附属广州红十字会医院　姜纯杰）

八、传说中的第七大营养素——膳食纤维

有一种叫膳食纤维的物质，现在越来越受到科学家的重视。很多年以前，人们认为它不能被人体消化，没有什么用。现在科学家们发现它不仅有用，而且不可或缺。那么到底什么是膳食纤维？它又有什么用呢？让我们一起来探究一下吧。

膳食纤维是一类不能被人类胃、肠道中的消化酶所消化的物质，主要包括非淀粉多糖和木质素，以及身体不能消化或吸收的部分植物性食物。前面讲到的脂肪、蛋白质、碳水化合物等食物成分都是可以被人体消化吸收的，而膳食纤维则不同，它不能被机体消化，可以相对完整地通过胃、小肠和结肠，然后排出体外。膳食纤维对人体的健康非常重要，对于中小学生来讲，进食膳食纤维可以改善肠道功能、调节体重，除此之外还有很多其他作用，如下图所示。可见膳食纤维对人体健康非常有益。

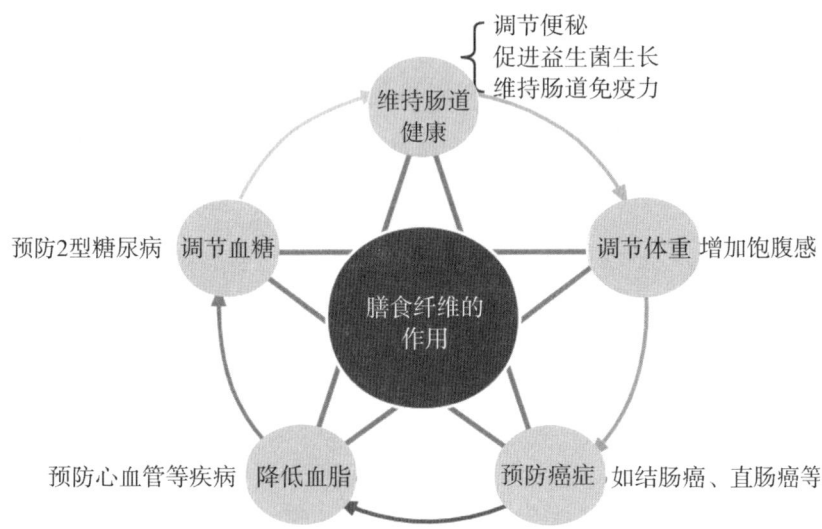

根据是否溶解于水，可将膳食纤维分为两大类：可溶性膳食纤维和不可

溶性膳食纤维。可溶性膳食纤维可溶于水并形成凝胶状物质，可降低血液中的胆固醇和血糖水平，可被肠道中的细菌利用。可溶性膳食纤维包括半纤维素、果胶、树胶等，主要存在于燕麦、豌豆、大豆、苹果、柑橘、胡萝卜、大麦等食物中。不可溶性膳食纤维不溶于水，能相对比较完整地通过胃、肠道，可促进胃肠蠕动，增加粪便体积。不可溶性膳食纤维包括纤维素、木质素等，主要存在于全麦面粉、麦麸、坚果、豆类及蔬菜等食物中。

而现在很多中小学生不太喜欢进食蔬菜和水果，这需要引起注意和重视，否则会导致很多慢性病过早降临到中小学生身上。

（一）哪些食物富含膳食纤维

膳食纤维主要来源于植物性食物。如果要增加膳食纤维的摄入量，可以选择全谷物食品、水果、蔬菜、豆类、坚果等食物。需要注意的是，罐装水果和蔬菜、不含果肉的果汁、滤掉豆渣的豆浆及非全谷物食品等精加工食品的膳食纤维含量都较低。谷物精制过程去掉了谷物的外层麸皮，从而降低了其纤维含量。所以，如果要增加膳食纤维的摄入量，应尽量选择未经精加工的食物。

（二）我们应该吃多少

膳食纤维有这么多好处，是不是吃得越多越好呢？当然不是，膳食纤维的适宜摄入量为 25～30g/天，过多地摄入膳食纤维可能会引起腹部不适，比如增加肠道的蠕动和产气量。另外，过量的膳食纤维还会与钙、铁、锌等营养素结合，减少营养素的吸收。

膳食纤维的分量应该合理地分配到三餐中，且食物来源应尽量多样。其实，按照前面的建议来安排一日三餐的食物，膳食纤维的摄入量一般就足够了。

（暨南大学附属广州红十字会医院　文罗娜）

第二节　中小学生运动营养补充时机

当前，我国正处于建设健康中国的关键阶段。有调查发现，现在的中小学生每天用于运动锻炼或室外活动的时间明显少于他们的父母辈甚至祖父母辈。这已影响到中国下一代的身心健康及成长，因此适当运动以及运动期间适当补充营养非常重要。俗话说，人是铁饭是钢。当我们吃好了之后，身体就好了；身体好了，就爱动了，身体就更好了，从而形成一个良性循环。作为祖国花朵的中小学生，需要养好身体、加强锻炼，将来才能在国家的建设中发挥重要作用。

日常生活中，中小学生应如何补充营养，这在前面的章节中已经做了一个很好的介绍。那么中小学生应在运动期间的什么时机来补充营养以及如何补充呢？

一、运动期间补充营养的时机

一般来说，人类进食后，需要消化吸收才能利用。这个时间是迷走神经兴奋，它会提醒我们的消化系统（如胃、肠等）进行活动，以帮助消化食物。而食物一般在进餐3～4小时后才能从胃内排空，因此，在进餐2个多小时后开始运动比较适宜。如果运动开始过早，胃中还存有许多食物，在运动中容易引起腹痛、恶心或呕吐等情况。因此很多老人家会对小朋友们说的："吃完饭后别到处乱跑，这样会得胃病的"是有一定道理的。如果运动开始过晚，运动中会出现血糖降低，影响运动的持久性。

前面谈到了进食后机体内是迷走神经兴奋，而在运动时，则是交感神经兴奋，血液主要集中在四肢骨骼肌肉中。此时由于运动，体内的血液重新分配，胃、肠道的血液相对减少。因此，在运动结束后不要立即进食，应在1小时后进食，至少应在运动结束30分钟后。

二、 运动期间应该补充的食物

进行体育锻炼的中小学生一日三餐的食物分配一定要合理，不科学的早餐饮食习惯以及早餐营养不均衡是严重影响我国中小学生健康成长的重要原因之一。

营养学家们建议早餐最好占一天总能量的30%，和晚餐的能量比例相当。但实际上，现在很多家庭都是晚餐吃得丰富，而早餐由于时间关系，都是吃一点包子、面包等草草了事，甚至有的不吃早餐，这样会严重影响中小学生的营养状况及健康，还会影响其学习成绩。良好的早餐习惯、营养丰富的早餐可为我们提供身体和智力发育所需的能量和各种营养素。

早餐为一上午的学习和运动提供了重要的能量。一顿营养合理、均衡的早餐应该既含有蛋白质、脂肪，又含有糖类，且三者比例恰当，这样才有利于机体的吸收利用。因此早餐除了吃面包、馒头、面条外，最好加一些鸡蛋、牛奶、肉类、坚果等食物，同时适当增加一些粗粮、蔬菜和水果。

午餐则是补充上午学习和体力活动所损失的热量、储备下午各种活动所需的能量的重要餐次，因此在一天中最为重要，不但要吃饱，更要吃好。午餐应占一天总能量的40%。

而晚餐则不宜吃得太饱，不宜多吃脂肪和蛋白质丰富的食物以及有刺激性的食物，以免影响睡眠；七八成饱即可，饮食宜清淡，不要酗酒。早餐、午餐和晚餐应包含中国居民平衡膳食宝塔中的食物（谷类、蔬菜、水果、畜禽肉类、奶及奶制品等），如果当天有剧烈运动，可适当增加一些面包、牛奶、坚果、水果等作为加餐，运动前后需要适当补充一些含电解质的水分。

参加体育锻炼的学生对于食物的选择，要选择易消化、易吸收且营养丰富的食物。食物要多样化，注意谷类食物和豆类食物的搭配，同时适当增加动物性食物（如肉、蛋、奶）的摄入，多食用豆制品。新鲜蔬菜、水果的摄入可以补充机体运动时无机盐和维生素的丢失。烹调时尽量保留食物的营养成分，并要注意食物的色、香、味的搭配，以增加食欲，具体可参考前文提到的中小学生膳食宝塔。

三、运动时水分的补充

水分的补充对于运动的中小学生来说非常重要。因为液体，尤其是水，是中小学生的重要营养素。液体有助于调节体温和补充运动中的汗液流失。环境温度和湿度会影响运动员的出汗量和需要摄入的液体量。较高的温度和湿度下，人出汗会更多，需要补充更多的液体来维持水分平衡。脱水会降低运动的表现，并使运动者面临中暑的风险。

一般情况下，应在活动前 0.5～2h 之间饮用 300～500mL 水、2～3h 之间饮用 400～600mL 冷水。在体育活动中，每半小时可补充 100～150mL 液体，如果运动量较大，应每 15～20min 摄入 150～300mL 液体。对于持续时间超过 1h 或在炎热潮湿的天气中进行的活动，建议饮用含有 6% 的碳水化合物和 20～30 mEq/L 氯化钠的运动饮料来弥补运动所导致的液体/电解质损失。运动后，应喝足够的液体以补充汗液流失，一般来说每丢失 1 公斤体重就需要补充 1.5L 液体。运动后应摄入含钠的液体或零食。

（暨南大学附属广州红十字会医院　陈锦涛）

第三节 复习（中考）考试期间学生饮食指导

对于要参加考试的中学生来说，在复习考试期间，家长会担心他们吃得不好影响身体，从而影响考试的发挥，于是到处寻找补品或煲老火汤、炖汤等来为其补充营养，希望能够助他们一臂之力。但有时候用力过猛，结果反而适得其反，导致孩子休息不好，从而影响其生长发育，最终影响考试的发挥。笔者根据中国营养学会推荐的《中国居民膳食指南》和中学生生长发育情况以及个人的工作经验，给大家一点建议，希望能对考生和家长们有所帮助。

实际上，备战中考的学生已经进入青春发育期，身体的生长发育需要良好的营养，因此补充充足的食物、保障优质蛋白质的食物摄入非常重要。那么到底多少食物才是充足的呢？一般来说，对于处于青春发育期的中学生，每天需要保证适量的谷类食物、动物性食物、蔬菜、水果、坚果类、奶类和豆类食物的摄入，这是非常重要的。那么具体的量又该如何把握呢？

谷类食物每天应为250～300g，其中1/3为粗粮，如红薯、玉米、荞麦、燕麦等。根据不同孩子的身高，每餐1～2碗米饭。但现在大部分孩子不想吃米饭，特别是粗粮。实际上对于孩子的生长发育来说，谷类食物是能量的主要来源，因此吃饱饭还是很重要的。特别是在学习期间，用脑比较多，脑部的主要能量来源只有葡萄糖，而葡萄糖主要由谷类食物中的碳水化合物来提供。同时大脑活动较多的时候，消耗的氧气也较多，除了让孩子到室外活动，增加氧的摄入外，还可以通过谷类食物中的碳水化合物分解时氧耗少来减少氧的消耗，从而有助于大脑的活动，提高用脑效率。因此进食充足的谷类食物是非常重要的。建议家长在给孩子增加进食的时候，给予糖水、面包或点心等作为补充，但不宜过多，如进食一碗绿豆糖水、番薯糖水或一个面包、蛋糕等易消化的食物，这样既有助于他们迅速补充能量，又不会因进食太多（特别是油腻的汤、瘦肉水等）造成消化时间过长，从而影响下一次进餐或睡眠。

动物性食物每天为200～250g，其中红肉不要超过100g，可以多吃一些鱼类，除了能提供一些优质蛋白质外，还可以提供优秀的脂肪，如ω-3脂肪酸，对大脑的发育和生长均有益。

每天要注意增加新鲜的蔬菜和水果，蔬菜中含有丰富的维生素和矿物质，而且膳食纤维比较丰富。丰富的维生素可促进进食后能量的代谢，帮助消化；矿物质有助于体格的发育，特别是骨骼和肌肉的增长，因此进食丰富的蔬菜和水果非常有益。每天约300～500g蔬菜，相当于每餐1碗饭或1碟蔬菜；水果为每天200～350g，相当于1天进食一个苹果。而且水果中还含有一些碳水化合物，可作为能量的来源，有助于大脑的活动。因此可在餐间增加水果。同时，蔬菜、水果中含有的膳食纤维还有助于通便，让我们不至于因为大便不通或便秘，导致腹胀、不舒服，影响学习效果。因此有必要每日补充足量的蔬菜和水果。

奶类和豆类提供丰富的蛋白质和钙质，对于青春期的孩子来说非常重要，而且还可以减少饥饿感。每日宜进食250mL奶类/豆浆或30～50g豆制品。

除此之外，备考和考试期间还需要注意以下几点：首先，除了保障食物充足，进食含优质蛋白质的食物（动物性食物和坚果）和新鲜的蔬菜、水果，以及奶类和豆类外，一般建议要吃好早餐，因为早餐需要供给一上午的能量，而这又决定着一上午的学习效率和上午考试期间的水平的发挥，因此吃好早餐非常重要。其次是注意卫生问题，食物要煮熟、煮透，最好不要进食生冷食物，特别是夏天，防止细菌滋生，否则容易食物中毒。第三，要注意食物的色、香、味的搭配，即食物品种要多样。将各式各样的食物进行合理搭配，选择孩子比较喜欢的菜式。第四,应营造一个轻松、愉快的就餐环境,环境温度舒适、颜色格调温馨。最后,不要过分迷信"健脑品""益智品"等产品对智力和考试成绩的作用。

下面给出一个一天的示范食谱供学生和家长参考。

(1) 早餐:鸡蛋瘦肉丝面条(鸡蛋1个,瘦肉25g,面条2两)。

(2) 10:00:牛奶250mL或苹果1个。

(3) 午餐:清蒸鲩鱼(鲩鱼2两);

芹菜玉米粒炒肉丁(芹菜、玉米各1两,瘦肉1两);

蒜蓉生菜(生菜3两);

米饭1碗(大米2两);

紫菜蛋花汤1碗。

(4) 15:00:核桃2个或酸奶1杯。

(5) 晚餐:冬菇云耳蒸鸡(冬菇、云耳少许,鸡肉1两);

丝瓜清蒸花甲肉(丝瓜2两,花甲约1两);

水煮菜心(菜心3两);

米饭1碗(大米2两)。

(6) 晚上20:00或晚自习回家后:可适当进食一些糖水(如绿豆糖水、红豆糖水、番薯糖水)或水果、奶类等。

第五章

中小学生常见运动损伤的处理和预防

广义的运动损伤泛指在体育运动过程中发生的各种伤病,而狭义的运动损伤是指特殊运动技术或训练造成的伤病。

就广义的运动损伤而言,如跑步锻炼时踩到坑而导致足踝扭伤或被动物咬伤等都算运动损伤。广义的运动损伤提醒我们,在体育运动过程中有许多风险,可能发生各种意外,应该做好内部与外部的风险管理,以降低运动损伤发生的概率。

就狭义的运动损伤而言,只有打篮球时扭伤脚、踢足球时被人踢伤腿、跳水运动员视网膜脱落等这些跟运动项目技术有关的伤病才算是运动损伤,而我们也常常称这些伤为"技术伤"。狭义的运动损伤提醒我们,各个运动项目都有其特定的高风险损伤,在训练与比赛时都应该针对这些特定的风险进行防护。

在理解广义与狭义的运动损伤概念时,应重点思考如何预防运动项目和参与者自身与环境存在的可能风险。

第一节　中小学生运动损伤的处理

一、运动损伤的分类

(一)按受伤的组织结构分

按受伤的组织结构分,运动损伤可以分为皮肤损伤、肌肉与肌腱损伤、筋膜损伤、骨骼损伤、内脏损伤、神经损伤、血管损伤、关节囊损伤、关节软骨损伤、韧带损伤。

（二） 按损伤后皮肤或粘膜的完整性分

按损伤后皮肤或粘膜的完整性分，运动损伤可以分为开放性损伤和闭合性损伤。

（1）开放性损伤：伤处皮肤或粘膜的完整性遭到破坏，有伤口与外界相通。如擦伤、刺伤、裂伤及开放性骨折等。此类损伤如果处理不当常会因伤口污染而至感染。

（2）闭合性损伤：伤处皮肤或粘膜仍保持完整，无伤口与外界相通。如挫伤、肌肉拉伤、关节扭伤、腱鞘炎与闭合性骨折等。

（三） 按损伤病程分

按损伤病程分，运动损伤可以分为急性损伤和慢性损伤。

（1）急性损伤：指一瞬间遭受直接暴力或间接暴力造成的损伤。（一般受伤 2 周以内为急性损伤）

（2）慢性损伤：指局部过度负荷、多次微细损伤积累而成的劳损，或由于急性损伤处理不当转化而来的陈旧性损伤。（一般是指受伤 2 周以上）

二、 中小学生运动损伤的特点

中小学生运动损伤具有如下特点：

（1）课间活动时运动损伤的发生率较高。由于中小学生都比较活泼好动，而且没有相关的指导和保护，运动的次序、质量较差，因此更容易发生各种运动损伤。

（2）中小学生的慢性运动损伤以软骨损伤为多见，而退变性的损伤较少，如过度运动引起的软骨损伤、骨炎等。

(3) 中小学生对于运动损伤的耐受性好，易被忽略或者漏诊。由于没有足够的认知，很多中小学生的关节疼痛易被认为是"生长痛"或者"肌肉痛"，从而被忽略。

(4) 有些中小学生的运动损伤具有一定的自限性或者愈合能力较强。

三、中小学生运动损伤的原因

（一）内部因素

1. 心理情绪不佳

从心理学的角度来看，在运动前，运动者不仅要有充分的身体活动准备，还需要有充足的心理准备。场地、设备不合心意会使运动情绪下降，在运动前很难调节神经、运动肌肉的兴奋性；在运动过程中，尤其在学习新的较难的技术动作时，容易产生紧张、着急和不安的心理而造成肌肉僵硬、运动不协调等症状，从而容易发生运动损伤。

2. 思想认识不足

中小学生由于大多数时间都在学习文化课，对于体育保健学的基本常识有所缺乏、认识不足，在体育运动中盲目运动、麻痹大意、急于求成，因此经常会导致关节的急性损伤等。

3. 运动量过大，身体机能不良

中小学生体能较差，如果盲目地加大运动量，运动负荷超过自身可以承受的生理负荷量，尤其是局部负荷量过大，就会引起疲劳的积累，从而极易发生运动损伤。在睡眠不足、休息不好或者患病带伤、伤病初愈阶段以及疲劳时，身体自身的生理机能和运动能力下降，此时如果进行剧烈运动，肌肉力量将会比较弱，反应迟钝，从而自身的协调性减弱，极易发生运动损伤。

4. 自我保护意识薄弱

现在大部分中小学生抗挫能力不足，自我保护意识淡薄，尤其在一些球类运动中，动作复杂多变、对抗性较强，对身体的灵活性、协调性、柔韧性要求较高，如果自我保护方法不当、自我保护能力低，就很容易在运动中发生损伤。

5. 个人长期从事某一运动专项项目

大部分中小学生都有自己喜欢并长期进行的体育运动项目，而每个运动项目都有各自的技术特点，长期一直从事某一体育运动专项项目，负荷部位就会受到各种慢性的损伤。如在中长跑运动中，膝关节长时间反复屈伸，髂胫束因此而不断前后滑动，与股骨外髁之间反复发生摩擦，将会导致膝盖外侧疼痛症候群等损伤病症。

6. 技术上的不规范

初学者或学习新动作的学生，如果对技术动作掌握得不好，没有形成正确的条件反射，或是技术动作有错误，违反了人体各器官系统的机能或活动规律，也将容易造成运动损伤。

7. 准备活动不充分或过量

准备活动的目的是使人体能够有准备地从相对静止状态转到紧张的活动状态，所以这个准备活动过程特别重要。缺乏系统而充分的准备活动，就不能将自身神经系统和内脏器官协调起来，从而造成身体不协调、达不到肌肉温度、力量和伸展性不够好，所以比较容易受伤。但是如果准备活动过量，会造成身体疲劳，进入运动时身体功能就不能处于最佳的状态，承受不了运动，从而也会容易受伤。

（二）外部因素

外部因素是指在教学、训练和比赛中组织方法不当，设备、场地、服装不当或气温过高等。如在教学过程中无秩序、粗心大意，做高难度动作时不注意保护、不考虑学生自身生理和运动条件的实际情况；部分学校器材出现异常（如松动不牢固），不按时定期维护；光线不良、气温过高。这些因素都将影响学生在体育运动中的状态和精神面貌，使其在运动中反应迟钝，并影响水盐在其体内的代谢，容易发生肌肉痉挛，严重时则会导致虚脱。

四、急性运动损伤的"PRICE 原则"

"PRICE 原则"是目前专业人员广泛认可的急性运动损伤操作处理原则，最佳处理时间是在 24～48 小时内，处理的原则有五个步骤：保护固定（protection）、休息制动（rest）、冰敷患处（ice）、加压包扎（compression）、抬高患肢（elevation）。

1. 保护固定（P, protection）

受伤发生时，首要处理原则是保护受伤的部位，将受伤部位固定，以免加重损伤的程度。

2. 休息制动（R, rest）

受伤后，要停止受伤部位的活动，避免再次刺激而使伤势恶化，同时也能促进复原。

3. 冰敷患处（I, ice）

受伤后 48 小时内，每隔 2～3 小时冰敷 15～20 分钟。冰敷能够收缩血管，减缓血液循环速率，减少组织液渗出，缓解受伤部位的肿胀、疼痛及痉挛的症状。

中小学生急性运动损伤处理方法

使用水凝胶冷敷贴的注意事项：请勿贴在眼周、黏膜、皮疹、过敏以及皮肤损伤处

处理方式：

（1）先在受伤部位的皮肤上敷一条毛巾，再将冰袋放置于上面。简易冰袋的制作：在塑料袋或冰敷袋中放入碎冰块，加入少量水，将袋口绑紧。如果没有冰袋，可以用水凝胶冷敷贴替代。

（2）在受伤后 48 小时内，每隔 2～3 小时冰敷一次，每次冰敷时间为 15～20 分钟。

（3）冰敷时，皮肤的感觉会有四个阶段：冷、疼痛、灼热、麻木。当皮肤有麻木的感觉时，就可以移开冰敷袋。

注意事项：

（1）冰敷袋每次使用时间不要超过 30 分钟，以免发生冻伤或使神经受到伤害。

（2）如果有循环系统疾病，不可以使用冰敷。

（3）若伤者对冰会产生过敏反应，应先用一层湿的弹性绷带包扎伤处，之后再放置冰袋，最后再用剩余的弹性绷带固定冰袋。

（4）在寒冷的环境下，谨慎使用湿的弹性绷带或湿毛巾，以免冻伤。

4. 加压包扎（C, compression）

用弹性绷带包扎受伤部位，做局部压迫，可以减少内部出血与组织液渗出，也可控制受伤部位肿胀。

注意事项：

（1）使用弹性绷带做包扎压迫时，要以螺旋状方式平均施加压力，并从肢体末端往近端的方向包扎，缠绕到受伤部位时可以稍微增加压力。

（2）使用弹性绷带时要随时观察伤者的皮肤颜色，如果产生疼痛感、皮肤变色等，应解开弹性绷带重新包扎。

5. 抬高患肢（E, elevation）

将受伤部位抬高（高于心脏），有利于积聚在受伤部位的组织液回流，避免受伤部位过度肿胀。可与冰敷、压迫同时实施。如发生骨折，应先使用夹板或石膏固定后再抬高。

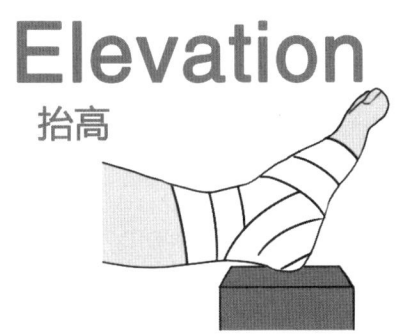

五、 中小学生常见运动损伤及其处理方法

（一） 擦伤

擦伤是指钝器（略粗糙）与皮肤摩擦造成表皮剥脱、翻卷等的损伤，如下图所示。

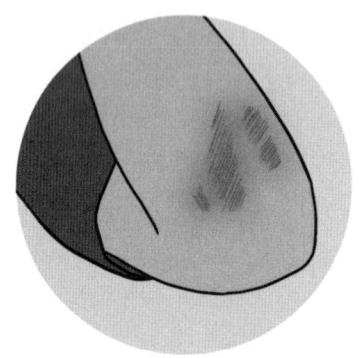

处理方法：

（1）冲洗：用生理盐水冲洗伤口，若伤口里面有砂石等杂物，应用消毒工具清理干净。

（2）消毒：小的伤口，可用75%的酒精棉球清洁消毒伤口周围皮肤。消毒时要注意无菌操作，从伤口处向外周涂抹。若伤口较深，受伤严重，则需尽快就医并注射破伤风针。

（二） 脑震荡

脑震荡是指头部遭受外力打击后，即刻发生短暂的脑神经功能障碍。

处理方法：

应立即让受伤者保持平卧，保持周围环境的安静，避免强烈的光线刺激，

可对头部进行冷敷,一般症状会很快减轻或消失。如伤后出现持续昏迷或清醒后再昏迷、双侧瞳孔不等大、耳鼻出血、头面部出血剧烈、清醒后头痛剧烈并频繁呕吐,则可能发生了颅脑损伤,应立即送入医院急救(脑震荡至少要休息 7 天)。

(三) 扭伤

扭伤是指四肢关节或躯体部位的肌肉、肌腱、韧带、血管等受到损伤,如下图所示。主要表现为损伤部位疼痛、关节活动不利索,继而出现肿胀,伤处虽未骨折、脱臼、皮肉破损,但肌肤发红或青紫。多发于腰、踝、膝、肩、肘、髋等部位。患者在扭伤之后若出现活动受限、疼痛明显、疑似畸形甚至出现骨擦感等症状应及时就医。由于扭伤的症状与骨折很相似,因此必须由医疗专业人员检查后才能确定。

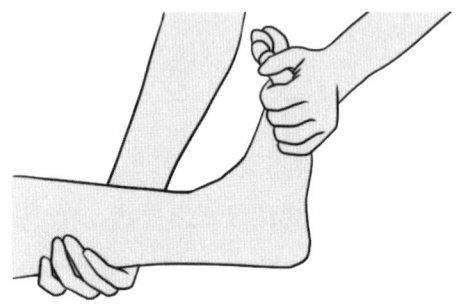

处理方法:

出现关节扭伤时不能立即按摩和热敷,应该按照急性运动损伤的"PRICE 原则"进行处理。(1) 伤后先立即停止活动,使受伤部位保持静止,减少进一步损伤。(2) 接着冰敷,最好在几分钟之内尽快冰敷受伤部位,这样做可缓解疼痛和肿胀感,减少黏附的可能性,加快愈合速度。(3) 再用弹性绷带扎住,保持 30 分钟,然后解开 5～15 分钟后再扎住。包扎时要把脚趾或四肢露在外面,以保证血液充分循环,如果脚趾头变成青紫色,应解开绷带再轻轻扎住。(4) 最后抬高患肢休息。在最初的 24～48 小时愈合过程中，肿胀和疼痛感在减轻，关节可以适当活动，并慢慢朝各个方向运动关节，但是不要超出一定的范围。如果扭伤后疼痛、肿痛厉害，应到医院拍片或做透视，检查是否有骨折或骨裂。

（四）肌肉痉挛（抽筋）

肌肉痉挛俗称抽筋，是指肌肉不自主地强制收缩，如下图所示。最易发生痉挛的肌肉是小腿腓肠肌，其次是足底的屈肌。

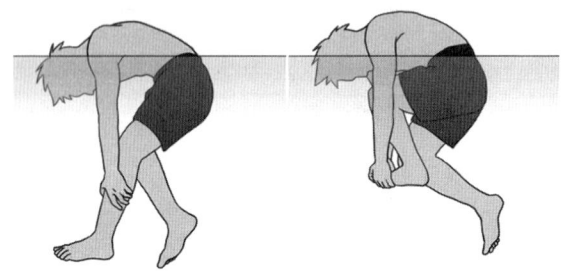

处理方法：

（1）解除肌肉痉挛可采用牵引痉挛肌肉的方法，牵引时切忌用力过猛，宜持续、均匀、缓慢地用力，以免造成肌肉损伤。

①手指、手掌抽筋：将手握成拳头，然后用力张开，再迅速握拳，反复几次，并用力向手背侧摆动手掌。

②手臂抽筋：将手握成拳头并尽量屈肘，然后再用力伸开，反复进行。

③小腿或脚趾抽筋：用抽筋小腿对侧的手握住抽筋腿的脚趾，用力向上拉，同时用同侧的手掌压在抽筋小腿的膝盖上，帮助小腿伸直。

④大腿抽筋：弯曲抽筋的大腿，使之与身体成直角，并弯曲膝关节，然后用两手抱着小腿，用力使它贴在大腿上，并做震荡动作，随即向前伸直，反复做此动作。

（2）可配合局部按摩，一般采用重力按压、揉捏、点掐或针刺委中、承山、涌泉等穴。

（3）游泳时发生肌肉痉挛，首先不要惊慌，如果自己无法处理或缓解，要立即呼救。痉挛缓解后，应慢慢游到岸边，以免再发生痉挛。肌肉痉挛缓解后，不宜继续运动，应针对原因进行治疗。例如，补充盐分和水分，注意保暖，并按摩、理疗或热敷痉挛的肌肉。

（五）肌肉拉伤

肌肉拉伤是肌肉在运动中急剧收缩或过度牵拉引起的损伤，如下图所示。如在赛跑、跳高甚至爬坡过程中发生的肌肉拉伤，都是肌肉在超出人体的运动耐受能力的情况下引起的拉伤疼痛。

处理方法：

如果在运动过程中出现肌肉拉伤，不能立即用热水浸泡拉伤的肌肉，应该立即进行冷敷，用冷水冲或用毛巾包裹冰块冷敷，然后用绷带适当用力包裹损伤部位，防止肿胀。24～48小时后拆除绷带，可外贴膏药活血和消肿胀、适当热敷或用较轻的手法对损伤部位进行按摩。

如果是大腿肌肉少量肌纤维断裂，应立即冷敷，局部加压包扎，并抬高患肢。肌肉大部分或完全断裂者，在加压包扎后应立即送医院进行手术缝合。

（六）鼻腔出血（外伤性）

处理方法：

让受伤者坐下，头部前屈，不能仰头，因为仰头会让血流入口腔（易误吸入气管）。接着用手指捏紧双侧鼻翼或将出血侧鼻翼压向鼻中10～15分钟（压迫止血法），如下图所示，同时冷敷前额和后颈部，一般能止血。若还不能止血应马上送医院。

（七）挫伤

挫伤是最常见的软组织损伤，大部分是由钝性暴力或重物打击所致，如下图所示。常见表现主要包括局部肿痛、皮肤出现青紫，严重的甚至可能引起肢体功能障碍等。

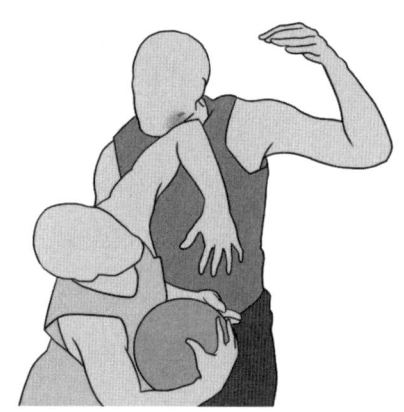

处理方法：

（1）较轻度的挫伤可不做处理。

（2）冰敷：扭到或撞到，外表没有流血，但体内微血管仍可能破裂，可进行冰敷。冰敷时的低温能让血管收缩，并且有麻痹的效果，减缓疼痛感。按每次15～20分钟且不致冻伤的原则进行冰敷，每隔2～3小时冰敷一次，一天可进行多次。受伤后48小时内皆要冰敷，因为热敷会加强血液循环，让受伤部位伤害加重，48小时以后才开始进行热敷；若不确定受伤的时间点，以疼痛感为基准，如果还会痛就采用冰敷。

（3）较重的挫伤可在48小时之后热敷，每天1～2次，可活血化瘀、消肿止痛，还可局部外敷消肿镇痛药物、口服非甾体类抗炎药物。

（八）骨折

骨的完整性受到破坏，称为骨折。一般是激烈冲撞、摔倒等猛烈动作造成的，如下图所示。骨折属于比较严重的运动损伤。

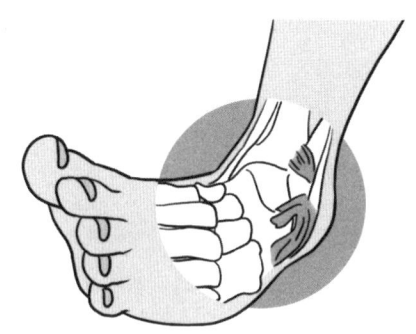

骨折包括以下三种：开放性骨折、闭合性骨折、粉碎性骨折。

骨折的症状：有疼痛感、肿胀、皮下有淤血、畸形、功能障碍等。

处理方法：

（1）认真细致地检查局部伤情和全身情况，及时采取正确的止痛、止血、固定措施。

（2）固定骨折部位。目的是防止骨折部位因活动而加重刺伤周围组织和加重移位变形，减少疼痛。有创口出血时，包扎止血后再固定，且不能将刺出创口外的骨、骨端强行按回体内，包扎固定后应立即送往医院。

第二节　中小学生运动损伤的预防

中小学生运动损伤的预防措施如下：

（1）充分热身。

（2）选择适宜的装备。

①衣着：运动时应选择较为宽松的衣服，并根据温度选择薄厚程度适合的衣物，太过紧身、厚重的服饰会影响活动范围和排汗。

②鞋子：中小学生的足弓处于发育阶段，且足弓的损伤是不可逆的，因此，运动时一定要选择带有足弓支撑的机能鞋，以免足弓受伤。

③水杯：运动量大时，出汗较多，体内水分流失较快，必须带上水杯，及时补充水分，保证体内水分充足。

④护具：如护膝、护肘、护腕或弹性绷带等。护具能对关节处加压，增加支撑力，避免因受力方向不平均而造成挫伤。

（3）注意运动环境的安全。检查运动场所，表面不能有洞、坑、沟或其他不平凹凸物，确认中小学生的身高、身体、心理成熟度以及技巧水平是否适合参加该项体育运动。

（4）加强肌肉训练，增加身体的灵活性。中小学生在运动过程中可增加一些加强肌肉的训练，结实的肌肉可在一定程度上预防运动伤害的发生。有研究显示，在比赛或训练前后做拉伸运动可增加身体的灵活性。

（5）保证运动模式和运动技术正确。任何运动都有其运动模式和技术特点，即使是最简单的跑步运动，也有很多专业要求。技术动作的错误，极易对人体造成损伤。

（6）拥有自觉意识。当身体感觉不适时，应自觉减少或停止运动。如在跑步的过程中，如果总是觉得脚踝不舒服（可能不痛，但就是有异样），应立即减缓步伐，因为再继续下去很有可能受伤。当感觉到疼痛或有异样时，人体会为了避免不舒适而使用不同的肌群（代偿），这样在做同样的动作时，因使用了与往常不一样的肌群而增加受伤的可能性。

第六章

中小学生特发性脊柱侧弯

中小学生特发性脊柱侧弯是指中小学生的脊柱由于某些原因发生异于正常生理曲度的形变、侧弯及旋转畸形，发病脊柱节段相对远离身体正中线，使脊柱失去原有的结构，并常常伴有神经肌肉或骨骼疾病，如下图所示。脊柱侧弯已成为继肥胖、近视之后危害我国中小学生健康的第三大疾病。脊柱侧弯不仅会造成脊柱外观畸形，还会影响机体的活动功能，甚至对心肺等其他脏器和神经造成压迫和损伤。

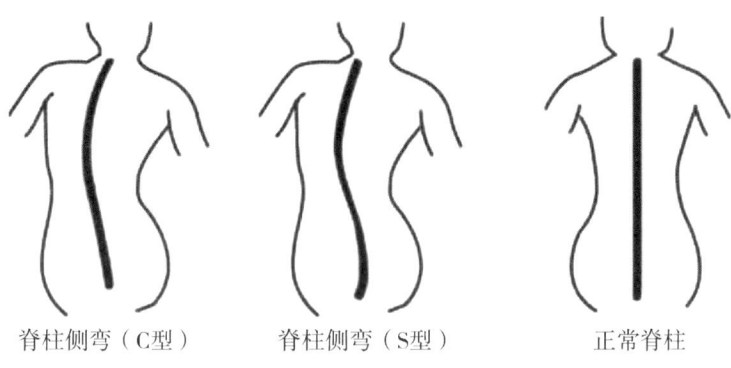

脊柱侧弯（C型）　　脊柱侧弯（S型）　　正常脊柱

第一节　中小学生特发性脊柱侧弯的产生原因及其影响

一、产生原因

特发性脊柱侧弯发病原因不明，为中小学生脊柱侧弯中最常见的类型，占结构性脊柱侧弯总量的75%～80%，以青春期的女孩为主。特发性脊柱侧弯依据年龄分为：婴儿型（0～3岁），少儿型（4～9岁），青少年型（10～18岁）。其中青少年型特发性脊柱侧弯最为常见，占特发性脊柱侧弯的70%～

90%，这也是我们要重点关注的。目前研究认为其发生可能与遗传、神经、激素、骨骼、肌肉以及姿势习惯等相关。

二、 特发性脊柱侧弯的影响

一般情况下，特发性脊柱侧弯在生长发育高峰期发展迅速，不仅累及脊柱、肋骨、胸廓、骨盆，严重者还将影响心肺功能，甚至压迫脊髓进而导致截瘫等严重后果。特发性脊柱侧弯导致的躯干倾斜、"剃刀背"畸形，不但阻碍患者正常的生理发育，而且会对他们的心理健康发展造成巨大的负面影响，患者往往感到羞涩、恐惧，有的会渐渐形成自卑的性格甚至自闭。

第二节　中小学生特发性脊柱侧弯的预防和治疗

一、 如何自查发现特发性脊柱侧弯

脊柱侧弯往往发生在青春发育期，而轻度的脊柱侧弯通常没有明显的不适，很多家长往往因为缺乏相关知识或没有及时发现而延误治疗。所以，建议家长在家自行给孩子定期进行脊柱检查，及早发现、及早治疗。自查时可让孩子脱掉上衣及外裤，光脚自然站立，双手自然下垂于身体两侧，家长站在孩子背后观察：

（1）观察孩子的两肩是否等高。也可以观察孩子的衣服领子是否有一边领子高、一边领子低的情况。

（2）用手摸一摸孩子背部的肩胛骨，看两侧肩胛骨最下端是否等高。

（3）用中指和食指夹着脊柱棘突划下来，观察划痕是否为一条直线。

（4）亚当斯身体前屈试验：请孩子双腿直立，双脚与肩同宽，双手合十向前弯腰至90°鞠躬状，检查者从后方检视患者的后背是否有不对称的突起，如果孩子肩膀出现一高一低的情况，则可能有脊柱侧弯的风险，较高的凸起侧即为侧弯的凸侧，称之为"剃刀背"。

（5）女孩子两侧乳房发育是否对称。

通过以上检查，可初步判断脊柱是否存在问题，若存在问题需及时到医院就诊进行相应的检查。如果检查之后出现上述问题中的一个或多个，则需进行影像学检查，拍摄站立位的全脊柱 X 线片，测量脊柱的弯曲角度（Cobb 角）[1]。若 X 光片上的弯曲角度小于 10°且没有任何功能性问题，则为脊柱不对称，进行适当锻炼即可；当弯曲角度（Cobb 角）大于 10°时，则确诊为脊柱侧弯。

二、特发性脊柱侧弯的预防

脊柱侧弯的病因尚不完全清楚，我们不仅要通过定期筛查尽早发现、尽早干预，更要培养良好的生活方式，进行综合防控。

（一）学生自身的预防

（1）关注自己脊柱的健康情况，如有颈肩腰背不舒适的情况，及时告知家长和老师。

（2）合理安排学习和休息时间，控制电子产品的使用时间。

（3）增加身体活动和体育锻炼，适当进行护脊运动。

---

[1] Cobb 角指脊柱侧弯角度的大小，是一个常用的判断脊柱侧弯严重程度的参考标准。

（4）改变久坐行为，纠正不良站姿和坐姿。

（二）家长方面的预防

（1）督促孩子养成正确的坐姿和站姿，使之保持健康用脊习惯和意识。

（2）以身作则，帮助孩子规划和控制每天的视屏时间和学习时间，陪伴孩子加强体育锻炼。

（3）帮助孩子正确选择及使用背包，建议使用双肩式背包，保证双肩重量尽量相等。

（4）为孩子提供营养均衡的、有益于骨骼健康的膳食，促进脊柱健康发育。

（5）定期调整学习课桌椅的高度，使其适应孩子身高的变化。

（6）不在孩子卧室摆放电视等电子产品。

（三）学校方面的预防

（1）开展学生脊柱弯曲异常防控相关健康教育课程、活动和知识讲座，提升师生相关健康素养，提高学生自我护脊的意识。

（2）开展年度儿童青少年脊柱弯曲异常的体检筛查，将脊柱弯曲异常筛查结果纳入学生健康档案。

（3）减轻学生学业负担，依据国家课程方案和课程标准组织安排教学活动。

（4）在学校体育课程中增加护脊运动，推广课间"护脊操"，进行颈胸腰椎及四肢关节的放松和锻炼。

（5）定期调整课桌椅高度和教室的座位位置。

（6）教学和布置作业时不依赖电子产品，使用电子产品开展教学的时长原则上不超过教学总时长的30%。

三、特发性脊柱侧弯的治疗

脊柱侧弯在 10～14 岁时病情发展迅速，侧凸角度随年龄的增长迅速加大。一般来说，青少年脊柱侧弯越早发现、越早干预，效果越佳。医学传统上认为，患者超过 18 岁以后就没有太大的治疗价值，治疗效果也不好。但美国欧亚大学整脊医学院的博士谢政洁曾经在 2014 年与他的一位学生一起做过一项临床研究，发现有多例超过 18 岁但脊柱侧弯矫正效果非常显著的例子，这告诉我们传统的治疗认知需要改变，成年人依然可以进行矫正。青少年时期发现脊柱侧弯后，应根据侧弯的 Cobb 角及时进行治疗，不要存在侥幸心理，从而错过矫正的最佳时机。脊柱侧弯的治疗目前有手术和非手术方式。非手术方式在全世界范围内多种多样，对于轻度侧弯患者，一般的处理方式是观察，在 Cobb 角大于 20°时应用支具治疗；而在欧洲，临床医生对侧弯较小和进展危险不大的患者采用"医疗体操"的物理治疗方法。翻阅目前国内外的保守治疗类文献，临床研究认为，矫正支具、运动康复锻炼等互相配合，会对脊柱侧弯治疗有比较显著的效果。

（一）Cobb 角为 10°～20°

此种情况建议运动康复治疗，以肌肉功能锻炼为主。医生可为患者量身定制康复体操，目的是拉伸过度紧张的肌肉，并针对性地设计一些动作强化肌肉，让脊柱两侧的肌肉力量达到平衡，来保护和稳定脊柱。应定期复查，当 Cobb 角的增加大于 5°/年时，应及时去医院复查，改变治疗方式。

一些常用的康复体操：

（1）环抱运动：仰卧，双手抱住大腿，然后双手使力使膝盖靠向胸部，至腰部有放松感，如下图所示。

（2）脊椎旋转运动：仰卧，头转向右边时，双膝同时转向左边；头转向左边时，双膝转向右边，两个动作交替做。借着这个动作，伸展腰部，放松过紧的肌肉，如下图所示。

 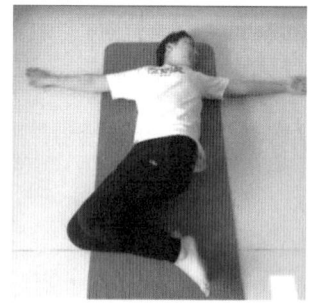

（3）伸展胸肌：站立或坐着，双手在背后紧握，然后提起，维持10s，如下图所示。

（4）伸展深层髋屈肌：后侧小腿完全贴合地面，髋关节朝向正前方，躯干垂直于地面，重心前移，使胯下有拉伸感，并保持15s，然后换另一侧进行，如下图所示。

（5）伸展大腿后肌：坐于地面，一侧腿在前方伸直，另一侧腿屈膝平摆，足掌抵住伸直大腿的内侧，接着双手沿伸直腿往足部方向伸，同时保持上身躯干平直，停留30s，如右图所示。重复5次，每日2次。

(6) 单手单腿支撑：四点跪姿，接着抬起左腿和右侧上肢，保持未抬起的臂、腿垂直于地面，躯干平行于地面，抬起的臂、腿与躯干在同一水平面，控制身体平衡稳定，保持 5～10s，如下图所示，后换另一侧进行。

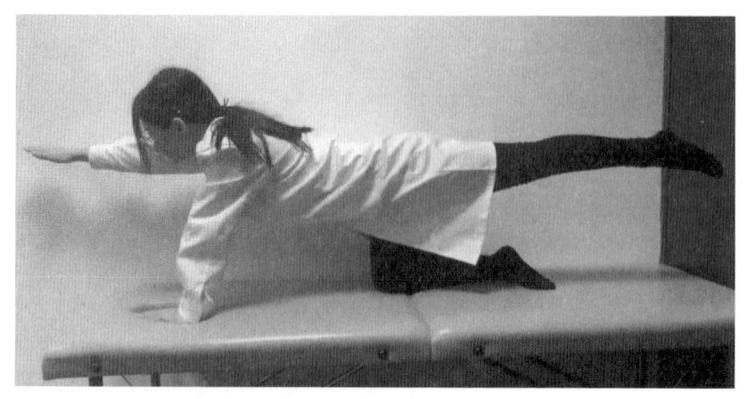

（二） Cobb 角为 20°～40°

此种情况建议在进行体操锻炼的同时进行矫形器治疗。脊柱侧弯矫形器治疗是目前较为可靠的保守治疗方法，通过三点力矫正原理对脊柱进行矫正，同时结合腹压增强躯干的支持力，减少脊柱及其肌肉、韧带的纵向负荷；通过对躯干运动的限制，利用被动和主动的矫正力来改变脊柱的对线关系。

原则上，脊柱侧弯矫形器需要佩戴至患者骨骼发育成熟、停止生长后或根据复查的结果进行调整；脱掉矫形器也是个逐步的过程，可以逐渐减少穿戴时间（由 20、17、14、10 小时逐渐减少至只在夜间穿戴），这个过程通常需要 1～2 年。在实际使用中，矫形器的穿戴时间因人而异，穿戴矫形器，一是为了矫正，二是为了降低进展的风险。脊柱侧弯发现早，侧弯矫正效果较好时可以根据复查情况逐渐脱掉矫形器；侧弯度数高且没有完全恢复时，则建议穿戴至骨骼发育成熟。

如果在年龄较小时就发现脊柱侧弯，且穿戴矫形器进行矫正取得了很好的矫正效果，在医生评定认为脊柱状况基本稳定时，可以逐渐减少矫形器穿戴时间或提前停止穿戴矫形器。但在身体发育停止前，每3～6个月还需定期复查，以防止脊柱侧弯又继续加重。对于大多数脊柱侧弯患者，青春发育期的侧弯进展风险大，如果在利用支具治疗的过程中，脊柱仍有一定的残存度数，脱支具的时间往往要推后至骨骼生长结束，以便将侧弯进展风险降到最低。如患者已经穿戴矫形器2年，但因骨骼生长没有闭合，且仍然有残存度数，此时还需要继续穿戴。

（三）Cobb 角 >40°

此种情况应根据患者意愿决定是否进行脊柱侧弯手术治疗。对于侧弯角度大、其他治疗手段效果不佳、侧弯进展快的儿童和青少年，应采用手术治疗。手术的方式主要是通过螺钉和生长棒等内固定技术纠正脊柱侧弯，使脊柱恢复正常或接近正常的曲度，改善肺脏功能，预防侧弯加重。

参 考 文 献

[1] 杨月欣,田粟.《中国居民膳食指南2022》帮您把吃吃喝喝这些事搞得明明白白[J]. 中国食品工业,2022(9):42-44.

[2] 中国营养学会中国居民膳食指南科学报告工作组.《中国居民膳食指南科学研究报告(2021)》简本[J]. 营养学报,2021,43(2):102.

[3] JEUKENDRUP A, GLEESON M. Sport nutrition [M]. Champaign：Human Kinetics Inc., 2018.

[4] CHAD M K, FOX E. Sports nutrition needs for child and adolescent athletes[M]. Boca Raton：CRC Press, 2016.

[5] JUDY A D. Sports nutrition[M]. Boca Raton：CRC Press, 2012.